기적의 메모술

노트 하나로 인생을 바꾸는

기적의 메모술

이케다 요시히로 지음 | 김진아 옮김

라의눈

머리말

집중력, 창의력, 실행력을 올려주는 메모의 위력

일반적으로 「메모」란 정보를 기록해두는 단순한 비망록이라고 인식하는 사람들이 대부분입니다.

메모가 지식을 습득하고 활용해서 공부와 업무 능력을 향상시켜주는 자기 계발 수단이 된다고 여기는 사람은 매우 드물 것입니다.

하지만 어떻게 활용하느냐에 따라 메모는 사고思考와 영감, 목표를 이루는 실행력의 원천이 될 수 있습니다.

기억 혹은 지적 생산, 아이디어 발상, 목표 달성, 더 나아가 두뇌 능력을 단련하는 훈련으로서도 이용 가치가 충분합니다.

단, 별 의미 없이 즉석으로 적어두기만 했을 뿐인 메모로는 혜택을 기대하기가 매우 어렵습니다.

메모를 최대한 활용하기 위해서는 각각의 목적에 부합한 작성법과 사용법을 알아야 합니다.

기억력 챔피언이 된 비결은 메모에 있다

필자를 잠깐 소개하면, 2018년 기준으로 일본에서 기억력 챔피언 자리를 다섯 번이나 차지할 수 있었습니다.

대체 무엇으로 기억력이 제일 뛰어난 사람을 뽑는지 궁금하실지도 모르겠네요. 1년에 한 번 '기억력 일본 선수권 대회'라는 기억력 경진 대회가 열리는데, 거기서 우승해야 비로소 일본 제일이라고 칭할 자격을 얻게 됩니다.

그럼 제가 원래 기억력이 좋았던 게 아니냐고 생각하시겠지만 사실은 전혀 그렇지 않습니다.

순수하게 보고 들어 기억하는 능력이 있는 것이 아니라, 두뇌의 기억 메커니즘을 이용한 기억법이라는 방법을 구사해 기억하는 것뿐이죠.

게다가 그런 요령을 익힌 것도 일반적으로 기억력이 쇠퇴하기 시작한다는 40대 중반의 나이였습니다.

기억력 경기의 연습을 시작한 시점에서 처음으로 대회에 출전하기까지 걸린 기간은 약 1년이었습니다. 단기간에 좋은 성적을 내기 위한 전략을 세우고, 적극적으로 이용한 것이 바로 「메모」로 대표되는, 손으로 직접 글을 쓰는 행위였습니다.

기억법을 최대한 활용하기 위해서는 사전 준비가 필요합니다.

예를 들면, 우선 자신에게 아주 친숙한 장소인 자기 집 안에 있는 것들부터 많이 기억해놓는 일입니다. 즉, 텔레비전과 침대, 냉장고 같은 집 안의 물건들을 머릿속의 기억 보관 장소로 이용하는 것이지요.

이런 아이템들을 많이 기억하면 할수록 기억법을 잘 구사할 수 있습니다. 기억해야 할 내용들을 집안의 물건들에 가급적 많이 연결시키는 것이 기억력을 향상시키는 기본적인 방법입니다.

그러기 위해서는 사전에 아이템들을 기억해두어야 합니다. 기억해야 할 것들이 수백 개에 이르게 된다는 이야기입니다.

이런 과정을 가장 효율적으로 진행하기 위해 사용한 방법이 바로 노트에 손으로 직접 적는 것이었습니다.

매일 연습한 기록도 표로 만들어 매일 적었습니다. 숫자 외에 그날 연습을 통해 깨달은 점도 적어서 이후 연습을 위한 피드백으로 삼기도 했습니다.

조금씩 기록이 좋아지는 것이 확실히 눈에 보인 덕분에 연습을 꾸준히 할 수 있는 동기도 얻을 수 있었습니다.

기억력 경기에서 좋은 성적을 거두기 위해서는 자신만의 기억 테크닉도 고안해야 했습니다. 이미 세상에 나올 대로 나온 기억법 이상의 방법이 필요했던 것이지요.

그 방법들은 이 책에서 자세히 소개하겠지만, 주로 메모를 이용한 기억법을 활용했다고 볼 수 있습니다.

왜 손으로 메모해야 하는가

직접 손으로 쓴 메모를 고집하는 이유는 단순합니다. 손으로 쓰는 편이 기억하기 쉬울뿐더러 학습에도 도움이 되기 때문이지요.

예를 들면, 기억이라는 작용이 이루어지는 부위는 뇌입니다.

그렇다면 기억할 때 뇌가 받는 자극이 강하면 강할수록 더 기억이 잘된다는 뜻과 같습니다.

뇌 안에서 특히 지각, 사고, 추리, 기억, 의지에 의한 운동 등과 관계가 있는 곳은 「대뇌」인데, 이 대뇌는 신체의 각 부분과 신경으로 연결되어 있습니다.

그리고 대뇌에서 「손과 손가락」에 대응하는 영역은 전체의 3분의 1이나 됩니다.

이 사실만 보아도 손과 손가락을 움직이는 것이 다른 신체 부위를 움직이는 것보다 뇌에 한층 더 강한 자극을 준다는 것을 알 수 있습니다.

그러면 PC 같은 전자 기기도 손과 손가락을 쓰니까 똑같은 효과를 볼 수 있는 게 아니냐는 생각이 들지도 모릅니다.

이 점에 관해서는 이미 여러 연구를 통해, 손으로 직접 적는 방식이 기억과 학습에 더 적합하다는 결과가 나와 있습니다.

예를 들어 프린스턴 대학과 캘리포니아 대학의 연구자가 쓴 공동 논문에 의하면, 수업 중 손으로 노트 필기를 하는 경우와 키보드를 쳐서 적는 경우를 비교했을 때, 직접 손으로 적는 것이 더 수업 내용을 깊이 있게 이해하고 오래 기억하는 효과가 높았습니다.

어떤 필기구를 사용하는가

여기서 제가 메모를 사고 수단으로 사용하기 위해 평소 쓰는 물품을 몇 가지 소개하고자 합니다.

◉ **노트**(모눈종이 타입과 무지 타입)

노트는 모눈종이 타입과 무지 타입, 두 종류를 사용하고 있습니다.

모눈종이 타입
나카무라 인쇄소 수평 펼침 방식(나카프리바인) 5mm 모눈 30매 B5,
오키나 프로젝트 링노트 5mm 모눈 50매 A4

무지 타입
마루만 노트 니모시네 특수무지 70매 A4

◉ 펜

펜은 주로 다음 세 가지 종류를 사용합니다.

일상용
미쓰비시 연필 유성 볼펜 제트 스트림
스탠더드 0.7mm(파란색과 빨간색)

굵은 서체용
펜텔 수성 사인펜 S520–CD 파란색

욕실용
미쓰비시 연필 가압 볼펜 파워탱크
스탠더드 0.7mm SN–200PT–07 파란색

메모장
메모장은 욕실에서도 써야 하기 때문에 방
수 가공된 것을 사용합니다.
오키나 프로젝트 내수 메모 5mm 모눈 40매
B7

테크놀로지 시대에도 메모가 필요한 이유

세상에는 PC를 비롯한 태블릿, 스마트폰 등등 다양한 전자 기기가 넘쳐나고 있습니다.

당연히 정보를 기록할 수도 있고, 인터넷 연결이 되면 순식간에 세계 곳곳에 있는 정보를 찾아 조사할 수 있는 편리한 도구입니다.

업무 면에서도, 학습 면에서도 이런 기기들을 이용하는 기회가 늘어나고 있으며, 저 역시 그런 혜택을 얻는 이들 중 하나지요.

그러나 이 책을 읽으시는 여러분은 어떤 분야에서든 결국 마지막에 의지할 수 있는 것은 언제나 자기 머릿속에 들어 있고 필요할 때마다 꺼내 쓸 수 있는 정보라고 믿지 않습니까?

저도 그 믿음에 동의합니다.

세상이 사고력을 중시하는 경향으로 바뀐 지 상당한 시간이 흘렀지만, 사고력도 그 재료가 되는 정보가 머릿속에 충분치 못하면 성장할 수 없으니 말이죠.

저 스스로가 기억, 나아가 뇌의 잠재력에 관심이 있는 이유도 거기에 있습니다.

인간의 뇌는 기계적인 레코더와는 달리 따로따로 입력한 정보를 유기적으로 이어 새로운 아이디어나 사고를 창출하는 능력이 있습니다.

그런 의미에서 보면 그 어떤 테크놀로지가 발달해도 인간의 사고력이라는 가치는 앞으로도 계속 변하지 않을 것입니다.

메모를 유익하게 사용해 최고의 사고 수단으로서 다양한 능력을 기르고, 「뇌의 힘」을 강화해보시길 바랍니다.

이 책이 독자 여러분들에게 조금이라도 도움이 되길 바랍니다.

제4장 성과를 만들어내는 메모 기술

제5장 숨겨진 천재성을 끌어내는 「쓰기」 훈련

제1장

**메모만 잘하면
저절로 기억된다**

생각을 정리하려면
모눈종이 노트가 최고

여러분은 어떤 수첩이나 노트를 사용하십니까?

저는 메모의 목적에 따라 수첩이나 노트를 구분해 사용합니다. 그 목적은 크게 두 가지로 나뉩니다.

한 가지는 자유롭게 발상을 펼쳐나가는 「수평적 사고」를 주된 목적으로 할 때, 다른 한 가지는 결론을 내기 위한 「논리적 사고」를 중심 목적으로 삼을 때입니다.

이를 메모에 대입해 설명하자면, 발상을 쑥쑥 뻗어 나가게 할 때는 깨끗한 무지 용지를 쓰고, 생각을 정리할 때는 모눈종이처럼 줄이 있는 용지를 사용합니다.

여러 가지 발상을 자유롭게 하기 위해, 의식의 흐름을 방해할 수 있는 요소는 될 수 있으면 없애려는 것이지요.

인간은 공간 인지 능력이 뛰어나서, 종이에 괘선이나 모눈 같은 형태가 있으면 무의식적으로 그 틀에 맞추어 글을 적는 범위를 한정하는 경향이 있습니다.

그런 특성이 나쁘다는 뜻이 결코 아닙니다. 선, 특히 모눈이 들어가 있는 용지는 사고를 한 방향으로 정리하는 데 최적화된 것이니까요.

논리적으로 생각할 때는 시각적으로도 질서가 잡혀 있는 편이 사고 흐름을 더 잘 정리할 수 있습니다.

예를 들면, 적혀 있는 항목마다 앞부분에 예시가 갖춰져 있거나, 다음 항목과의 간격이 일정하거나 하는 것 등이 그렇습니다. 모눈이 들어가 있으면 이를 표시 삼아 깨끗하게 줄을 맞추어 정리할 수 있습니다.

그 결과, 잡다하게 적은 정보에 비해 사고가 더욱 유연하게 흐를 수 있게 됩니다.

또한 로직트리(문제의 해결책을 찾아가는 과정을 나뭇가지가 뻗어나가는 형식으로 정리하는 기법)나 피라미드 스트럭처(꼭지점에는 달성하고 싶은 가장 중요한 항목을, 그 아래에는 근거가 될 하위 생각의 그룹들을 두어 피라미드 형식으로 정리하는 기법)처럼 정보를 구획으로 나누고 시각적으로 알기 쉽게 배치할 때도 모눈이 있으면 매우 편리합니다.

그리고 모눈을 사용하면 도형을 쉽게 그릴 수도 있지요. 그래프나 입체 도형 등을 그려 넣고 싶을 때는 모눈이 형태를 잡아주거나 그리는 위치를 정하는 데 큰 도움을 줍니다.

이처럼 사고의 확산과 수렴이라는 요소로 크게 목적을 분류합니다.

그렇다면 적은 내용을 잘 기억하고 싶다면 어떤 방법이 더 좋을까요? 기록한 정보를 기억하기 위해서는 모눈이 들어간 메모 용지가 훨씬 유용합니다. 이는 뇌가 정보를 기억하는 메커니즘 때문입니다.

기억에는 「에피소드 기억」이라는 것이 있습니다. 자신에게 의미 있는 경험은 더욱 강한 기억으로 남는데, 이런 기억들을 에피소드 기억이라고 합니다. 이런 기억은 단순히 문자만으로 기억을 유지하는 것보다 훨씬 장기적인 기억으로 정착하기 쉽고 다시 인출하기도 쉽습니다.

모눈이 들어간 종이를 사용하면 무지 용지보다 정보를 더 쉽게 에피소드화할 수 있습니다. 그런 것들을 적을 때 모눈을 이용해 학습하는 과정이 포함되기 때문이지요.

예를 들면, 문자 주변에 테를 둘러서 돋보이게 하거나 보조 그림 또는 그래프를 넣는 행위 자체가 에피소드가 되어 자신도 모르는 사이에 기억이 강화되고, 정보를 인출할 때 확실한 계기가 되어줍니다.

다시 말해, 학습하려는 「의지」 자체가 저절로 기억을 촉진한다고 할 수 있습니다.

목적에 따른 노트 선택

① 모눈이 있음   기억력 ↗ UP

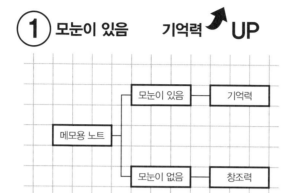

② 모눈이 없음   창조력 ↗ UP

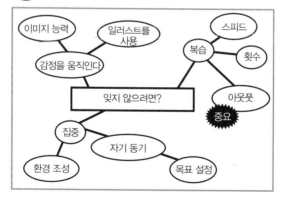

메모는 24시간 안에
다시 보자

메모를 하거나 노트에 무엇을 적고 나면 안심하고 그대로 놔두지 않습니까?

메모장이나 노트에 적기만 하면 이제는 당연히 그 정보가 머릿속에 입력되었다고 착각하기 쉽습니다.

그럼 메모의 가치를 충분히 발휘할 수 없습니다. 메모를 가치 있는 것으로 만들려면 빠른 시간 안에 다시 살펴보는 것이 중요합니다. 메모는 시간이 지나면 지날수록 신선도가 떨어지기 때문입니다.

메모를 하게 되는 경우, 주로 시간이 한정되어 있어 단적으로 핵심 포인트만 적게 됩니다.

원래는 당시의 현장감이나 얻게 된 영감, 떠오른 이미지 등도 동시에 존재하지만, 그것들을 한꺼번에 표현하기가 거의 불가능하기 때문에 최소한의 필요 정보만 문자로 기입하게 됩니다.

그러나 사실 이런 부수적인 요소가 매우 중요합니다.

메모할 때의 분위기나 감정을 떠올리면, 그때 연상한 아이디어나 사고, 의문점 등이 고구마처럼 줄줄이 따라 나오기 때문입니다.

그렇게 되면 그 메모에서 더욱 사고를 발전시킬 수 있습니다. 이처럼 다음 정보로 이어지도록 도와주는 것이야말로 가치가 있는 메모라고 할 수 있죠.

짧은 시간 안에, 그러니까 메모가 신선한 동안에 다시 살펴보면 기억 역시 신선한 상태이기 때문에 부수적인 정보도 떠올리기 쉽습니다.

그런데 눈에 보이지 않는 이런 정보는 시간과 함께 급격히 기억에서 사라지고 맙니다.

한참 후에 메모에 적은 글자들을 읽어도 이게 왜 중요한지, 더 심해지면 무엇에 대해 적어놓았는지 떠올리지 못하는 경우까지 생길 수 있습니다.

그래서는 메모를 하는 의미가 없습니다.

그럼 어느 정도의 타이밍에 메모를 다시 살펴보는 것이 좋을까요?

기억에 관한 실험이 힌트를 제공합니다. 헤르만 에빙하우스라는 심리학자가 시행한 실험에 의하면, 사람의 기억은 100% 기억한 시점에서 20분 후에는 약 42%, 한 시간 후에는 약 56%, 그리고 하루가 지나면 약 74%가 사라집니다.

단, 이 데이터는 전혀 의미가 없는 세 개의 알파벳 문자열을 기억하는 데 기초하고 있기 때문에, 문자 정보로서의 의미가 있는 메모라면 망각 속도가 좀 더 완만할지도 모르겠지만, 경향을 보기에는 충분히 참고가 될 수 있습니다.

이 실험을 통해 알 수 있는 것은 기억이 상당히 이른 단계부터 급격히 감소한다는 점입니다.

따라서 메모는 아무리 늦어도 다음 날에는 다시 살펴보아야 합니다. 그러면 복습 효과를 얻을 수 있습니다.

복습을 하면 처음 기억했을 때에 비해 급격한 기억 감소를 방지할 수 있습니다. 다시 말해, 그때부터 기억의 저하 속도가 완만해지기 때문에, 기억을 신선하게 보존할 수 있는 기간을 연장시킬 수 있다는 뜻이지요.

저는 메모를 다시 보는 것을 깜빡 잊지 않으려고 스마트폰을 이용합니다.

요즘 캘린더나 일정 관리 애플리케이션에는 대부분 리마인더 기능이 딸려 있습니다. 그래서 다시 보아야 할 시간이 되면 알람이 알리도록 이들 애플리케이션을 설정했습니다. 그리고 자기 직전의 시간을 메모 살펴보기에 투자하고 있습니다.

그렇게까지 했는데도 다시 살펴볼 기회를 놓쳤다고 가정해봅시다. 그럴 경우를 위해 미리 이해해두어야 할 것이 있습니다.

바로 기억에는 최종적으로 소비 기한이 있다는 것입니다.

그 기한은 대략 한 달입니다.

한 달 동안, 기억한 정보를 전혀 의식하지 않고 그냥 내버려 두고 지낸다면, 나중에 떠올리려고 해도 거의 기억해내지 못하는 상태가 되기 때문에 주의가 필요합니다.

따라서 잊고 싶지 않은 중요한 기억은 꼭 한 달 안에 복습하도록 합니다.

기억에는 시간 제한이 있다

에빙하우스의 망각 곡선

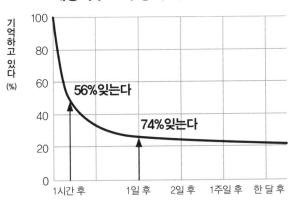

기억하고 있다 (%)

56% 잊는다

74% 잊는다

1시간 후 1일 후 2일 후 1주일 후 한 달 후

**하루를 마치기 전에
메모를 다시 확인하는 습관을 들이자**

기억이 정착할
확률 UP

**습관이 들기 전까지는
스마트폰의 리마인더 기능을 활용하자**

23:00
메모 재확인

메모를 다시 확인하는
습관으로 기억력 UP

1-3

날짜와 장소 정보까지 메모하자

메모는 신선도가 중요하다고 앞서 언급했습니다.

또한 인간의 기억은 시간과 함께 급격히 감소하기 때문에, 이를 방지하기 위해서는 가급적 빨리 메모를 다시 살펴봐야 한다는 것도 알게 되었습니다.

여기서는 적은 내용을 더욱 잘 기억하기 위한 요령을 소개하고자 합니다.

요령이라고 해도 그리 어려운 것은 아닙니다.

첫 번째 요령은 메모 앞머리에 반드시 날짜를 기입하는 것입니다.

'겨우 날짜라고?' 하는 생각이 들지도 모르겠지만, 날짜가 있고 없고의 차이가 나중에 메모의 가치를 완전히 바꿔놓습니다.

왜냐하면 날짜가 붙어 있으면 그것을 적었을 때 자신이 놓였던 상황을 떠올릴 수 있고, 그것이 방아쇠가 되어 메모의 문맥이 더욱 선명하게 되살아나기 때문입니다.

언제 적었는지 알 수 없는 메모라면 그 당시의「감정」같은 것도 이끌어낼 수가 없기 때문에 큰 가치 없이 단순한 문자 정보로 끝날 수도 있습니다.

이렇게 날짜를 통해 그때 자신의 입장이 어땠는지, 어떤 심경으로 생활했는지, 무엇에 관심이 있었는지 떠올릴 수 있다면 물론 좋겠지만, 날짜를 보아도 별다른 감이 오지 않을 때도 있습니다. 그럴 때를 위한 비장의 수단이 있습니다.

지금은 모든 사람이 어떤 종류든 SNS(소셜 네트워킹 서비스)를 이용하고 있지요.

페이스북이든 트위터든 아니면 그 외의 서비스라도 자신이 발신한 정보가 날짜와 함께 그대로 남아 있습니다.

그럴 때 메모를 적은 시기 즈음에 자신이 발신한 정보를 한번 살펴보는 것입니다.

바로 그것이 그 시점에 자신이 어떤 생각을 했었는지 떠올릴 수 있는 단서가 되어줍니다.

또한 그 외에도 메모를 했을 때의 현장감을 떠올릴 수 있게 해주는 요령이 있습니다.

예를 들면, 회의 중에 적은 메모가 있다면 그 회의에 출석한 사람들의 좌석 배치를 그려두는 것이지요. 세미나 등에 참가했을 경우, 같은 조에 배치된 사람들의 좌석 배치를 이름과 함께 적어두는 것도 매우 좋은 방법입니다.

나중에 그 좌석표를 보면 그 사람이 한 발언이나 그 사람에게서 받은 인상을 떠올릴 수 있어 그 장소에서 느꼈던 현장감이 쉽게 되살아납니다. 그렇게 되면 당시 메모에 담은 마음도 동시에 떠올릴 수 있게 됩니다.

여기까지 읽고 나서 바로 알아차릴지도 모르겠는데, 이런 방법들은 모두 앞서 설명했던 「에피소드 기억」을 만드는 요령이기도 합니다.

인간은 무엇인가를 기억할 때, 그 당시 감정도 결부해놓으면 기억이 강해져서 머릿속에 떠올리기가 매우 쉬워집니다.

그러나 에피소드 기억을 만드는 방법을 이용할 수 없는 상황도 존재합니다.

시간을 들여 메모할 시간이 없는 경우가 바로 그렇습니다.

그럴 때는 자연히 키워드만 나열하는 메모가 될 수밖에 없고, 초조한 마음 때문에 나중에 메모를 살펴보면 대체 무슨 내용인지 떠올리지 못하는 경우도 발생합니다.

이런 경우를 위한 대처법으로, 미리 잊을 것을 전제로 해서 나중에라도 다시 떠올릴 수 있도록 그 수단을 함께 적어놓는 방법이 있습니다.

머릿속 내용과 아무 상관이 없는 것을 메모할 리 없으니 주변에 기억해낼 수 있는 힌트가 반드시 존재할 것입니다.

자신의 컴퓨터 안에 있는 데이터나 가지고 있는 책 내용과 관계가 있어서 메모했을지 모르고, 나중에 인터넷으로 조사하기 위해서 키워드만 적어두었을 수도 있습니다.

그래서 PC와 관계있는 메모라면 그 옆에 모니터를 표시하는 사각 마크, 책이라면 이를 알 수 있는 간단한 마크를 표시해두는 것은 어떨까요?

인터넷이라면 링크 주소를 적어두는 것이지요.

더 나아가, 나중에 메모했던 상황이나 메모 내용을 이야기할 때 대답해줄 수 있는 사람의 이름을 옆에 적어두는 것도 좋습니다.

잊는 것을 전제로 하는 대책이지만, 자신의 지금 환경과 연관 지으면서 적은 메모이기에 오히려 그것이 집중력을 높여 의외로 잊지 않게 해주는 효과도 기대해볼 수 있습니다.

03

기억의 단서를 남기자

(1) 날짜를 기입한다

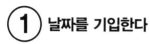

4월18일

나중에 무슨 일이 있었는지
SNS 등으로 확인할 수 있다.

4월18일   9:30

☐ 오늘 A 사에서
　 미팅 있음

(2) 회의에 참석한 멤버 이름을 적어둔다

A 씨   B 씨
○   ○

○   ○   ●
C 씨   D 씨   나

펜은 두 가지
색깔만 쓰자

학창 시절, 제 주변에는 여러 색깔의 펜을 사용해 노트 필기를 하거나, 텍스트에 다양한 색의 형광펜으로 줄을 치는 친구들이 있었습니다.

겉으로 보면 색깔이 다양하고 아름답습니다. 그리고 그 친구들 나름대로 색깔을 분류하는 규칙도 있었겠지요.

그러나 실제로 공부에 도움이 되었는지는 여전히 의문입니다.

원래 노트나 텍스트의 중요 항목에 표시하는 행위는 그 내용을 이해하고 기억하고 몸에 익히는 것이 목적인데, 친구들의 목적은 아마 무의식적이겠지만 다른 곳에 설정되어 있었던 것 같습니다.

본인들은 아니라고 하겠지만 예술의 재료로서 노트와 텍스트가 있고 거기에 손을 대어 아름다운 작품으로 만드는 것에 성취감을 느꼈던 것은 아닐까요?

그러나 반대로 모든 내용을 검은색으로만 적는 것도 큰 인상을 주지 못합니다.

그러면 대체 색을 몇 가지 쓰는 것이 좋을지 고민되는데, 저는 기본은 파란색, 그 외에는 빨간색으로 해서 전부 두 가지 색으로 한정해 사용합니다.

여기에는 몇 가지 이유가 있습니다.

일단 적은 내용을 「기억」하는 시점에서, 많은 색을 사용한다고 해서 유리한 것은 아니라고 보기 때문입니다.

즉, 색은 기억을 끄집어내는 계기가 되지 못한다는 것입니다.

계기가 되는 것은 앞서 설명했듯 「날짜」나 「이미지」, 혹은 나중에 다시 봤을 때 가급적 내용을 다시 파악하기 쉽게 하는 「작성 요령」 같은, 에피소드가 될 요소들입니다.

그 외에도 효율적인 면을 이유로 들 수 있습니다.

메모나 노트를 적을 때는 시간과의 싸움일 경우가 많습니다.

그럴 때 어떤 색을 쓸지 등에 생각할 시간을 할애하는 것은 매우 아까운 일입니다.

그보다 더 중요한 것은 내용 주변에 선을 그어 네모 상자를 만들거나, 이중 동그라미나 별 등을 그려 넣거나, 메모의 순서를 화살표로 표시하는 등의 행위가 사고의 흐름에 맞추어 동시에 진행되므로 훨씬 효과가 좋습니다.

이런 이유로 저는 기본적으로는 파란색, 포인트가 되는 부분에는 빨간색, 이렇게 두 가지 색만 사용합니다.

메인으로 검은색이 아니라 파란색을 사용하는 것은 주로 정신적 요인에 근거하고 있습니다.

파란색은 심리학적으로 마음을 진정시켜주고 집중력을 높이는 색이라고 합니다. 항상 냉정하게 집중하고 사고하려는 의도도 담고 있지요.

그리고 파란색의 시원한 감각이 좋은 아이디어를 떠올리게 해줄 것 같다는 기대심 때문이기도 합니다. 외국계 컨설팅 회사의 컨설턴트도 파란색 펜을 주로 사용한다고 하니, 형식부터 제대로 시작해보겠다는 것도 마음을 다잡고 의욕을 충전하는 데 중요한 요소입니다.

또한 사용하는 펜의 종류 역시 신경 쓰고 있습니다.

다소 까다로워 보이긴 하지만, 잉크가 바로 나와 즉시 글씨를 쓸 수 있고 필기감이 좋은 것 등도 문자를 적는다는 스트레스를 조금이라도 줄일 수 있으므로 중시하는 편입니다.

특히 저는 미쓰비시 연필에서 나온 파란색과 빨간색의 유성 볼펜「제트 스트림」0.7㎜를 주로 사용하고 있습니다.

이 책 뒷부분에서 사고법을 설명할 때 나오는 조금 큰 종이에 큰 글씨를 쓸 때는 펜텔의 수성 사인펜이 사용감이 좋고 저렴해서 자주 이용합니다.

메모에는 두 가지 색깔의 펜만 사용

파란색

빨간색

메인이 되는 색깔.
마음을 진정시키는
효과가 있다.

포인트가 되는 색깔.

많은 색을 사용하는 것보다도

「◎ ☆ □ →」

등을 사용해 표시한다.

영어 단어를 효율적으로 외우기 위해서는……

● 비슷한 말로 기억하기

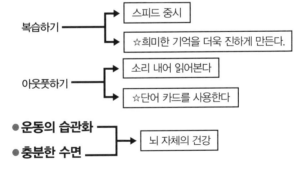

복습하기 ──────▶ 스피드 중시

☆희미한 기억을 더욱 진하게 만든다.

아웃풋하기 ──────▶ 소리 내어 읽어본다

☆단어 카드를 사용한다

● **운동의 습관화**
● **충분한 수면** ──────▶ 뇌 자체의 건강

1-5
메모 내용을
누군가에게 설명하자

    메모나 노트를 하는 주요 목적은 당연히 기록한 정보를 「자기 것으로 소화하는 것」이 아닐까요?

    자기 것으로 소화한다는 것은 내용을 이해하고 기억에 정착시켜서 업무나 공부 등 자신에게 가치가 있는 목적에 이용할 수 있는 정보로 만든다는 뜻입니다.

    이 과정에도 뇌의 기억 메커니즘을 이용할 수 있습니다.

    학생이라면 지금 자신이 속한 학급을, 사회인이라면 학창 시절을 떠올려보세요.

모르는 내용에 대해서 반에서 공부를 잘하는 친구에게 배운 적은 없나요? 아니면 여러분 자신이 가르치는 쪽이었을 수도 있겠지만, 그런 경우라면 지금부터 할 설명을 이미 이해하고 있을 것입니다.

공부 잘하는 친구에게 배운 경험이 있다면, 그때 상대의 대응은 어땠나요? 매우 자세하고 꼼꼼하게 가르쳐주지 않았나요?

적어도 「그런 건 알아서 생각해」라는 냉담한 태도는 취하지 않았을 것입니다.

왜냐하면 성적이 좋고 공부를 잘하는 사람들은 「남에게 가르치는」 행위가 자신의 이해력을 높이고 해당 내용을 기억에 정착시킬 수 있는 매우 유용한 수단임을 직감적으로 잘 알고 있기 때문입니다.

남에게 가르치는 것이야말로 매우 뛰어난 학습 방법인 것은 기억을 강화하는 메커니즘이 내재되어 있기 때문입니다.

일단 「정보의 정리」가 시작됩니다.

상대방이 알기 쉽게 가르치려면 우선 자신의 머릿속에서 내용의 계통을 만들고 정리해두어야 합니다. 그 단계에 이르지 못하면 이해 수준이 다른 상대방에게 내용을 전달하기가 매우 어렵습니다.

또한 설령 그 시점에 지식이 단편적으로만 형태를 갖추었더라도 남에게 가르치는 사이에 머릿속에서 저절로 정리된다는 장점도 있습니다.

개별적으로 머릿속에 입력한 정보는 쉽게 꺼내기 힘들지만, 각각의 관계성을 정리해 서로의 연결 고리까지 함께 기억해두면 떠올릴 때 연상 작용이 작용해 해당 내용을 줄줄이 생각해낼 수 있게 됩니다.

같은 정보량을 머릿속에 저장할 때, 따로따로 기억하기보다 각각의 관련성을 이해해 외우면 기억하기 쉽고 활용도도 높은 기억이 된다는 뜻입니다.

또한 한 번 정보를 정리해두면 자신의 지식이나 이해가 부족한 부분이 어디인지 파악할 수도 있습니다.

그러면 그곳이 자신의 약점임을 알고 중점적으로 보강해서 더욱 빈틈없는 학습이 가능해집니다.

바로 여기에도 「에피소드 기억」이 연관되어 있습니다.

뇌는 문자로 적힌 지식 정보의 기억인 「의미 기억」보다도 자신이 체험하고 경험한 기억인 「에피소드 기억」을 훨씬 더 강하게 머릿속에 남깁니다.

남을 가르치는 행위는 그야말로 에피소드입니다. 이 가르쳤다는 에피소드를 떠올리면, 그것을 계기로 그 기억 속에 포함된 학습 내용도 함께 떠올릴 수 있습니다.

가르칠 때 제대로 설명하지 못했다고 속상해할 필요는 없습니다. 제대로 가르치지 못했다는 속상한 감정이라는 에피소드조차도 기억의 계기로 삼으면 되니까요.

05 남을 가르치는 행위가 학습 효과를 높인다

적은 것은
일단 설명한다.

**잘 설명하지 못해도
그것이 에피소드 기억이 되기 때문에 OK!**

카드 메모가
좋은 이유

학창 시절에 이런 경험은 없나요?

텍스트나 노트에 있는 중요한 부분을 형광펜으로 표시해서 완벽히 기억한 줄 알았는데 막상 시험을 칠 때 좀처럼 생각나지 않았던 일 말입니다.

공부할 때는 페이지를 넘겨서 그 부분에 이르면 「아, 이건 아는 거야」 「이미 완벽히 외웠지」라며 머릿속에 제대로 들어 있다고 느끼지만, 어찌 된 일인지 막상 필요할 때는 좀처럼 기억이 나지 않습니다.

이는 심리적인 함정에 빠져 있기 때문입니다.

정보를 재빨리 처리하는 능력을 심리학에서는 「유창성」이라고 합니다.

앞에서 든 예로 설명하면, 텍스트를 바라보고서 주요 항목 각각을 그 자리에서 바로 떠올렸다는 사실이 바로 그렇습니다.

이것이 실은 기억의 함정입니다.

그 자리에서 바로 떠올렸으니 그 정보는 완벽히 기억하고 있다고 착각한 것이지요.

이 책 첫머리에서도 언급했지만, 기억이란 완전히 정착할 때까지는 자연히 망각 과정을 거치고 있습니다.

그것을 「이제 완벽히 외웠다」고 착각했기 때문에 정착에 필요한 복습 횟수가 부족해진 것입니다.

그리고 또 한 가지, 그저 바라만 보고 있는 것도 좋지 않습니다.

자신도 모르는 사이에 텍스트나 노트의 흐름, 혹은 그 페이지 안에서의 위치 관계 같은 제한적인 형식만 기억할 가능성이 있습니다.

당연하지만 진짜 시험에서는 텍스트 순서대로 출제되는 것이 아니기 때문에 당연히 기억해내지 못하게 됩니다.

이를 방지하고 확실하게 기억에 정착시키는 방법이 있습니다.

기억 학습에서 최강이라고 부를 만할지도 모릅니다.

학습 심리학에서는 「상기 연습」이라고 부릅니다.

텍스트에 그냥 형광펜으로 표시해 기억하는 것에는 기본적으로 이 상기 연습이 빠져 있습니다. 상기 연습이란 「기억을 꺼내어 정말로 머릿속에 들어가 있는지 확인하는」 작업입니다.

이 작업을 함으로써 기억의 정착이 촉진되는 것이지요.

「기억을 불러들이는」 행위가 필연적으로 수반되는 학습법이 있습니다.

바로 「단어 카드」입니다.

영어 단어 학습에서 자주 사용되는데 카드 앞에는 영어 단어, 뒤에는 우리말 뜻이 적혀 있는 방식으로, 여러분도 이용해본 적이 있을 것입니다.

별 뜻 없이 사용했던 단어 카드 학습이 학습 심리학적으로는 매우 이치에 맞는 훌륭한 방법이었던 것입니다.

노트에도 이 상기 연습의 효과를 의식한 필기를 할 수 있습니다.

미리 페이지 오른쪽 가장자리에 세로로 선을 2개 그어 두 열의 공간을 확보해놓습니다.

메인이 되는 노트 필기를 한 다음, 아까 만들어놓은 두 열 중에서 왼쪽 열에는 노트 내용을 이용해 질문을 만듭니다. 오른쪽에는 그 답을 적어둡니다.

답이 적힌 열을 책받침이나 다른 물건으로 가리면 상기 연습 노트로 활용할 수 있습니다.

사족이지만, 저 같은 기억력 경기 선수들도 경기를 준비할 때 상기 연습이 매우 중요합니다. 미리 0에서 99까지의 숫자에 인형, 선인장, 풍선 등 그 숫자와 전혀 상관없는 물건들을 묶어서 기억해야 하기 때문입니다.

숫자와 물건은 연관성이 전혀 없기 때문에, 그런 의미에서 영어 단어와 우리말 의미를 기억하는 과정과 닮았다고 볼 수 있습니다.

필기 행위와 관련된 것은 아니지만, 이처럼 아무 연관이 없는 것들끼리 묶어 상기 연습을 하는 데 쓸 수 있는 애플리케이션이 있어서 소개하고자 합니다.

애플리케이션의 이름은 「Anki」입니다.

지금까지는 그냥 단어 카드라고 했지만, 이런 타입의 교재를 일반직으로 「플래시 카드」라고 부릅니다. 이 「Anki」는 자신이 직접 플래시 카드를 만들 수 있는 애플리케이션이지요.

문자를 입력할 수 있는 것은 물론이고, 그림과 음성 등도 넣을 수 있습니다.

그리고 가장 큰 특징은 복습 스케줄을 자동으로 짜준다는 점입니다.

기억의 정착 속도가 느린 것은 짧은 간격으로, 거의 정착이 완료

된 것은 간격을 길게 두어 복습 타이밍을 설정해주는 기능입니다.

그런 의미에서 보면 상기 연습을 이용해 무엇인가를 기억하는 데「Anki」만 한 것도 없을지 모릅니다.

매우 편리한 애플리케이션이니 여러분도 기회가 되면 한번 사용해보세요.

06

카드 메모의 장점

텍스트나 노트 등의 위치만 외워놓고 다 기억한다고 착각함.

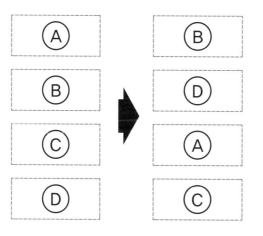

카드는 순서를 바꾸는 등 자유 롭게 섞어 암기할 수 있기 때문 에 외운 후 떠올리기가 쉽다.

상기 확률 UP ↗

인맥을 만드는
메모법

누군가의 얼굴과 이름을 기억하는 데에도 메모를 사용합니다.

업무상 처음으로 만나서 명함을 받았을 때, 그 명함에 직접 적어두거나 수첩 등에 정보를 적어두면 나중에 기억하기 좋은 단서가 됩니다.

그럼 그 메모에는 어떤 정보를 적어두면 좋을까요?

그 의문에 대답하기 전에 일단 사람의 얼굴과 이름을 기억하는 법을 소개합니다.

「사람의 얼굴과 이름을 기억하려면 어쩌면 좋을까?」 하는 상담을 받을 때가 많은데, 이는 기억법이라기보다는 의식의 문제입니다.

의식이란 기억하려는 의지입니다.

뇌는 「기억하자」라는 의지를 가지면 기억 스위치를 켜기 때문에, 누군가를 만나기 전에 「얼굴과 이름을 기억해야지」 하는 마음만 가져도 상당한 효과를 볼 수 있습니다. 거기에 기억법의 테크닉까지 이용하면 효과가 배가됩니다.

여기서는 「베이커 베이커 패러독스」라고 불리는 심리 현상을 이용해보겠습니다.

두 그룹에 같은 남자의 사진을 보여주고, 한쪽 그룹에는 '이 사람의 이름은 「베이커」입니다'라고 해서 「이름」을 기억하게 합니다. 다른 그룹에는 '이 사람의 직업은 「베이커(제빵사)」입니다'라고 해서 「직업」을 기억하게 하는 실험을 진행했습니다.

두 그룹 모두 기억한 것은 「베이커」라는 동일한 정보입니다.

단, 한쪽은 이름으로, 다른 한쪽은 직업으로 인식하고 있지요.

그리고 잠시 시간이 지난 후 양쪽 그룹의 기억을 테스트해보니, 이름인 「베이커」를 잊은 사람이 많았던 것에 비해, 직업인 「베이커」를 기억하지 못하는 사람은 거의 없었다는 결과를 얻었습니다.

이것은 단순히 「문자」로서의 이름보다도 상대의 취미나 직업, 버릇 등 「배경」이 피험자들의 상상력을 더 자극하고 강한 기억으로 남는다는 사실을 증명하고 있습니다.

바로 여기서 사람의 이름을 기억할 때도 이 심리 특성을 이용해 보는 것입니다.

그럼 이 기억 방법을 순서대로 설명하겠습니다.

① 상대의 얼굴에서 받는 인상을 마음속으로 언어화한다

상대의 얼굴이 주는 인상만이 아니라 분위기나 특징도 괜찮습니다.

예를 들면「품위가 있어 보이는 사람」「무서워 보인다」「○○ 씨와 닮았다」「얼굴이 하얗다」「눈썹이 굵다」「코가 크다」등의 묘사라도 괜찮습니다.

마음속에서 언어화하는 작업에 의해 감정이 움직이며 얼굴의 인상이 강하게 머릿속에 남게 됩니다.

② 이름에서 그 사람의 배경을 마음대로 상상한다

다음에 기억해야 할 문자 정보인 이름을 기억하기 쉽게 그 사람의 배경으로 바꿉니다.

여기에는 크게 두 가지 방법이 있습니다.

첫 번째는 이름에서 연상되는 단서로 그 사람의 취미나 직업 등의「배경」을 자기 나름대로 만드는 방법입니다. 이름과 비슷한 단어를 찾거나 이름에 사용된 글자의 의미를 이용하는 것이지요.

예를 들면 「모치즈키望月」 씨라면 비슷한 발음을 이용한 말장난으로 「취미는 떡방아餅つき(일본어로 '떡방아'를 '모치츠키'라고 읽는다.)」라고 생각하며, 그 사람이 절굿공이를 들고 떡을 찧는 모습을 연상해보는 것입니다.

혹은 「이시바시石橋」 씨라면 그 사람이 돌다리石橋를 망치로 두들기는 모습을 상상해보는 식입니다.

또 다른 방법으로는 그 사람의 이름이 유명인이나 자신이 잘 알고 있는 사람과 같은 경우, 그 사람들을 이용하는 방법 역시 좋습니다.

만약 그 사람의 이름이 「사카모토坂本」 씨라면, 이 사람은 사카모토 료마(일본 에도 시대의 무사로, 일본의 실질적인 근대화를 이끌었다.)의 후손이라고 상상하면서 둘이 어깨동무를 하고 있는 모습을 떠올리면 됩니다.

이때 스토리만 만들 것이 아니라 실제로 머릿속에 그 이미지를 떠올리세요. 이 기억법은 이미지로 기억한다는 점이 중요합니다. 이 과정이 빠지면 기억에 강하게 남지 않습니다.

그리고 이미지를 만든 후, 명함이나 수첩에 이 정보를 메모해두는 것입니다.

예를 들자면, 「모치즈키 · 두꺼운 눈썹 · 상냥해 보임 · 떡방아」 「이시바시 · 무테안경 · 돌다리를 두들김」 「사카모토 · 흰 얼굴 ·

사카모토 료마」라는 식으로요.

나중에 이 정보를 볼 때는 머릿속으로 그 이미지를 재현해봅니다. 여기서 이미지란 그 사람의 얼굴 모습과 이름의 힌트를 얻을 수 있는 단서들이 포함된 것입니다. 거기서 이름을 떠올릴 수 있다면 얼굴과 이름을 매치해 기억할 수 있게 됩니다.

실제로 기억력 경기에도 사람의 얼굴과 이름을 기억하는 종목이 있습니다. 한 장에 9명의 얼굴 사진과 이름이 적힌 문제지가 여러 장 배부되고 제한 시간 15분 만에 최대한 많이 외워서, 순서가 뒤섞인 얼굴 사진만 실린 답안지에 이름을 적는 경기입니다.

풀 네임을 기억해야 합니다. 당연하지만 메모할 수 없는 경기이니 이름을 이루는 한자나 스펠링을 정확히 외워야 합니다.

그러나 기억하는 방법은 아까 소개한 방법과 동일합니다.

이 방법으로 저는 15분 만에 약 60명의 풀 네임을 기억할 수 있었습니다.

물론 처음부터 이만큼 기억할 수 있었던 것이 아니라 모두 훈련의 결과입니다.

하면 할수록 실력이 늘어나니 여러분도 꼭 한번 해보세요.

07

사람의 얼굴을 기억하는 요령

① 인상을 언어화한다.

② 이름에서 그 사람의 배경을 상상해본다.

모치즈키 = 떡방아

③ 명함에 이 정보를 메모해둔다.

△△△주식회사

모치즈키 이치로

떡방아 · 두꺼운 눈썹 · 상냥해 보임

사고의 정지를 막는
3열 메모하기

학교에서는 필기하는 방법을 가르쳐주지 않기에, 수업에 칠판에 적힌 내용 그대로 노트에 옮겨 적기만 하는 사람들도 꽤 많을 것 같습니다.

외관상 깔끔하고 보기에는 좋을지 몰라도, 모양만 신경 쓰다 보면 중요한 내용을 필기하는 본래 목적이 변질될 수 있습니다.

어느새 목적이 칠판 글씨를 예쁘게 따라 적는 것으로 변하기 때문이지요.

노트는 작품이고, 그 작품을 완성하면 만족감을 느끼는 심리라

고나 할까요.

옮겨 적는 것에만 주의가 쏠려서, 나중에 그것을 살펴보아도 내용도 거의 이해하지 못하고, 아예 기억조차 나지 않는 본말전도의 결과를 초래할 수 있습니다.

지금까지 여러 사고방식을 소개했는데, 여기에는 하나같이 공통점이 존재합니다.

획득한 정보에 적극적으로 접근하지 않으면 기억하거나 활용할 수 없다는 점입니다.

적극적 접근이란 구체적으로 그 정보를 얻었을 때 사고 정지를 하지 않는 것입니다.

이런 상황에서 활발히 움직이는 뇌의 기능이 있습니다.

바로 「워킹 메모리」라는 것으로, 뇌의 메모장처럼 기능합니다. 무엇인가 작업하고 있을 때 동시에 다른 사항들을 단기간만 머릿속에 저장해두는 기능이지요.

예를 들면 여러분이 물건을 구입하면서 암산을 할 때 등등, 계산 도중의 숫자를 잠시 기억할 수 있는 것은 이 워킹 메모리의 능력 덕분입니다.

상대의 이야기를 들으며 메모할 때도, 강의나 수업을 들으며 필기할 때도 그 순간 떠오른 생각이나 의문점은 우선 이 워킹 메모리에 기록됩니다.

워킹 메모리는 매우 편리한 기능이지만 용량이 적어서, 기억을 보존하는 시간도 그리 길지 않습니다.

따라서 바로 다음에 주의를 끄는 것이 나타나면 그 뇌의 메모장에 직전 기록한 정보는 사라지고 대신 새로운 정보가 입력되고 맙니다.

그 사라진 사고 중에 매우 훌륭한 아이디어의 원석이 있을 가능성이 높습니다. 그냥 잊어버리고 놓치기에는 너무 아까운 일이지요.

그 원석을 놓치지 않기 위해서는 떠오른 사고를 곧바로 적어두는 장치를 미리 설치해야 합니다. 말이 장치이지, 사실 매우 단순한 방법입니다.

한 페이지를 3열로 구역을 나누어놓기만 하면 됩니다.

일반적으로 필기를 하는 주된 구역의 공간은 크게 잡고, 그 옆에 선을 그어 메모할 수 있는 공간을 두 열 만들어놓습니다.

이 두 열 중 가운데 쪽에 있는 열에는 주된 메모나 필기를 하는 도중에 순간적으로 생각난 의문이나 깨달음, 아이디어를 적어둡니다.

그리고 제일 오른쪽 열에는 두 번째 열에 적은 내용에 대한 이후 행동의 결과를 적어두는 것입니다.

의문점이 생기면 서적이나 자료를 뒤져보거나 직접 상대에게 질문해 그 의문에 대한 답을 적어두는 것으로 메모를 마무리합니다.

또한 깨달은 점이나 아이디어도 마찬가지로 여러 조사를 해서 깊이 탐구한 결과를 적어두는 것이 좋습니다.

이렇게 정보에 적극적으로 접근함으로써, 메모나 노트가 단순한 기록으로 남지 않고 더욱 값어치 있는 정보로 변신하게 되는 것입니다.

할 일은 한 페이지를 3열로 나누는 것뿐입니다. 이것으로 메모나 노트의 가치가 현격히 올라가니 꼭 시도해보길 바랍니다.

기억에 오래 남는 노트 작성법

**얻은 정보에 적극적으로
접근하지 않으면 기억하기 힘들다.**

넬슨 만델라 흑인 인권운동에 평생을 바친 남아프리카공화국의 영웅. 흑인 최초의 대통령이자 1993년 노벨 평화상 수상자이다.	넬슨 만델라는 왜 '넬슨'이란 영어식 이름을 가졌지? 본명이 따로 있을까? 조사하기	호리샤샤 본명을 발음하기 어려웠던 미션스쿨의 영국인 선교사가 붙여준 이름 **넬슨 만델라**

제2장

일 잘하는 사람의
생각 정리법

기호
활용하기

  사적인 것이지만, 제가 일본 제일이 될 수 있었던 기억력 경기에 대해 잠시 이야기해보겠습니다.

  기억력을 겨루는 경기에는 몇 가지 종목이 있습니다. 그중에서도 기억법을 잘 알지 못하는 사람이 보면 깜짝 놀라는 것이 바로 마구잡이로 자른 트럼프 카드의 순서나 원주율처럼 랜덤으로 늘어선 숫자를 기억하는 종목입니다.

  기억력 경기에 참가할 정도라고 해서 사진을 찍는 것처럼 본 것을 그대로 기억하는 능력을 가지고 있지는 않습니다.

여기서 그 방법을 상세하게 논하진 않겠지만, 간단히 설명하면 카드 그 자체, 숫자 그 자체를 기억하는 것이 아니라는 것입니다.

어떤 법칙에 맞추어 그러한 것들을 그림으로 변환한 다음 그 그림만 기억하지요. 그리고 재현할 때는 기억한 그림에서 원래 트럼프 카드나 숫자로 다시 바꾸는 것입니다.

선수들은 미리 각 카드나 숫자에 인물이나 사물의 이미지를 할당합니다.

예를 들면 트럼프의 스페이드 A를 「아인슈타인」의 카드로 설정한다면, 스페이드 A를 아인슈타인의 이미지로 기억해두는 것이지요.

그런 준비를 하는 것은 효율을 위해서입니다. 기억력 경기이기 때문에 각 경기에는 제한 시간이 설정되어 있습니다. 선수는 그 제한 시간 안에 가급적 많은 것들을 기억해야 합니다.

그 자리에서 그림을 생각하면 시간이 많이 걸리기 때문에 많은 것들을 기억할 여유가 없어집니다.

그래서 미리 각각의 카드나 숫자에 그림을 설정해 준비하는 것입니다.

이 사고 방식을 메모나 노트에도 활용할 수 있습니다.

사전에 사고의 흐름이나 그때 받은 인상의 정도, 혹은 나중에 해야 할 업무 등에 기호나 마크, 또는 특정 일러스트를 정해두면 속도와 기억 양쪽에서 효율화를 꾀할 수 있게 됩니다.

예를 들자면, 관계성을 나타낼 때는 화살표「→」가 편리합니다.

잡다하게 정보를 적어둔 메모는 나중에 다시 봐도 내용을 정리하기가 매우 힘듭니다. 당시 사고의 흐름이 보이지 않기 때문입니다.

그래서 단순히 →로 각 정보를 이어두기만 해도「논리의 흐름」「스토리의 흐름」이 명확해져서 가치 있는 메모로 변하게 됩니다.

같은 방식으로,「동등함」을 표시하는 기호인 등호「=」를 사용해 본질이 같은 정보끼리, 또는 공통적인 항목이 있는 정보끼리 이어두면 매우 편리합니다.

반대로「대립」이나「경합」이 되는 의견이나 의미, 아이디어 같은 정보는 이런 화살표「↔」로 이어두면 알아보기 쉽습니다.

그 외에도 여러 가지로 활용할 수 있는 마크가 있습니다.

의문점에는「?」, 중요한 부분에는「◎」, 특히 강한 인상을 받은 정보에는「!」등도 바로 적용할 수 있습니다.

회의 내용을 적은 메모에는 만화에 나오는 것 같은 말풍선이 도움이 됩니다. 발언자의 이름 옆에 말풍선을 그리고 그 사람의 코멘트를 적어두면, 나중에 봤을 때 그 발언이 계기가 되어 그 자리의 현장감뿐 아니라 메모의 내용도 더욱 선명하게 기억할 수 있습니다.

메모라고 해서 꼭 텍스트로만 구성해야 된다고 생각하지 말길 바랍니다. 여기에서 제시한 기호 이외에도 별「☆」이나 참고 표시「※」등 자신이 좋아하는 것을 다양하게 응용할 수 있습니다. 자신만의 기호 규칙을 정해 메모의 효율성을 높여보세요.

기호를 잘 활용하면
메모를 알아보기 쉽다

(일방향 화살표)

논리, 스토리, 시간 순서의 흐름을 나타낸다.
A → B → C

(등호)

본질이 같은 것, 공통점이 있음을 나타낸다.
A ＝ B

(양방향 화살표)

대립이나 경합의 의미가 있음을 나타낸다.
A ↔ B

?
(물음표)

의문점이나 납득할 수 없는 부분.

(이중 동그라미)

아주 중요한 부분.

!
(느낌표)

특히 큰 인상을 받은 부분.

(…)
(말풍선)

인상적인 발언(발언자도 명기)

독서법보다 중요한
독서 후 메모하기

여러분이 이 책을 대할 때, 소설이나 에세이처럼 즐거움을 얻기 위한 독서가 아니라 실용서에 맞춰 읽게 될 것입니다.

실용서이기 때문에 새로운 지식을 흡수하거나 기술을 습득하기 위해 천천히 시간을 들여 읽는 사람도 많겠지만, 저는 실용서를 읽는 데 크게 시간을 들이지 않습니다. 자화자찬은 아니지만, 저는 책 읽는 속도가 다소 빠른 편에 속합니다.

빨리 읽는 것은 책을 바라보는 제 인식 때문입니다.

저는 책 자체를 외부 기억 장치와 같은 데이터베이스로 봅니다.

그래서 제 업무용 책상은 서고 전체를 바라볼 수 있는 위치에 있고, 아이디어를 짜낼 힌트가 필요할 때는 서고 전체를 훑으면서 그와 관련이 있을 법한 책을 바로 꺼내 참고하고 있습니다.

그러한 흐름으로 이루어지기 때문에, 책의 상세한 정보 정도는 나중에 끄집어내면 된다고 생각하지요.

그러나 책을 데이터베이스화하기 위해서는 나중에 검색하기 좋게 그 책의 내용을 미리 파악해두어야 합니다.

그 책이 주로 무엇을 말하고 있는지 전체 개념을 파악할 필요가 있다는 것입니다.

의식해야 하는 것은 전체를 통틀어 흐르는 테마와 논리 전개뿐입니다. 이 부분에 주목해 읽으면 책 전체의 짜임새를 파악할 수 있고, 그 뉘앙스를 잠재 기억으로서 머릿속에 남겨놓을 수 있습니다.

나중에 책을 검색할 때 이 뉘앙스의 역할이 매우 중요합니다.

「어? 이 얘기는 어디서 읽었는데」라는 생각이 들 때, 그 뉘앙스가 단서가 되어 책을 찾아볼 수 있기 때문입니다.

하지만 말이 쉽지, 그것만으로는 시간이 지날수록 중요한 부분의 기억이 점차 흐려집니다.

그래서 이를 방지하기 위한 대책을 병행하면서 책을 읽어나가야 합니다.

그 대책이란 바로 중요하게 여겨지는 내용이 있는 페이지에 포스트잇을 붙여놓는 것입니다.

펜 등으로 선을 긋지는 않습니다. 그 시점에서는 중요하게 보여도 다시 읽어보면 별로 그렇지 않은 경우가 많기 때문이지요.

한번 펜으로 그으면 지울 수 없고, 설령 지울 수 있는 펜을 사용하더라도 지우는 데 의외로 수고가 꽤 많이 듭니다.

그렇게 본문 안에 선이 난입하면 나중에 데이터베이스로 사용할 경우 정보량이 너무 많아져서 필요한 정보를 추출하기가 귀찮아집니다.

그렇지만 포스트잇 등은 바로 붙였다가 떼어낼 수 있습니다. 이렇게 붙였다 떼기를 반복하다가 최종적으로 남은 포스트잇은 자연히 중요도가 높은 정보로 분류됩니다.

이렇게 책의 전체적인 내용을 파악하는 것에 의식을 집중하면서 포스트잇을 붙이면 되는데, 이 독서법은 다 읽고 나서 할 작업이 가장 중요합니다.

책의 페이지보다 작은 크기의 메모지를 준비합니다.

평범한 종이도 좋지만, 책 첫 페이지에 붙일 필요가 있으므로 접착 가능한 메모지가 가장 편리합니다.

요즘은 사이즈가 큰 포스트잇 등을 다양하게 판매하고 있으니 기회가 될 때 알맞은 것을 찾아보세요.

책을 다 읽고 나서 이 메모지에 정보를 적어두는데, 첫 몇 줄에는 책 전체의 대략적인 내용을 기록합니다.

그다음에는 페이지 곳곳에 작은 포스트잇을 붙여두었던 중요 부분을 기입하는데 페이지 번호, 중요 부분의 정보를 압축해 가급적 짧은 「키워드」나 「개요」만 써놓습니다.

이런 독서법을 실천하면 나중에 「어? 이 얘기는 읽은 적이 있는데」라는 생각이 들 때, 우선 그 뉘앙스에서 책을 찾아낼 수 있고 첫 페이지에 붙은 메모를 보고 책 내용의 기억을 선명히 떠올릴 수 있게 됩니다.

이렇게 책이 지식의 데이터베이스로서 도움이 되는 것입니다.

머릿속에 책의 데이터베이스를 만들자

① 중요하게 여겨지는 부분에 포스트잇을 붙여둔다.

② 이런 포스트잇이 붙은 내용에 대해 책 한 페이지 정도의 메모에 적어둔다. 가볍게 감상을 써도 좋음.

흐리터분 명상법

감상

겨우 1분만으로도 머리가 개운해져서 놀랐다. 내일부터 실시해야지.

정리

p.9 손바닥에 균등하게 숨결이 닿도록 숨을 내쉰다. 한 번이라도 좋음.

③ 이것을 반복해 머릿속에 책의 데이터베이스를 만든다.

두뇌

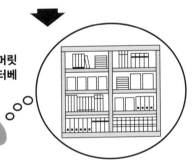

뇌를 활성화하는
화이트보드

회의나 미팅을 할 때 흔히 화이트보드를 이용합니다.

굳이 말할 것도 없이 동시에 여러 사람이 정보 공유를 할 수 있어서 매우 편리한 수단이지요.

이처럼 화이트보드라고 하면 여러 사람들이 모여 있는 장소만 떠올리기 쉽겠지만, 저는 혼자 있을 때도 사고 수단으로 자주 활용합니다.

자료를 만들거나 원고를 쓰면서 초안을 작성할 경우가 있는데, 그 초안의 초안이라고 할 초기 단계의 뼈대 만들기에 화이트보드를 이용합니다.

사실 지금 읽고 계시는 이 책의 최초 콘셉트도 화이트보드에서 태어났습니다.

나중에 사용하지 않을지도 모르는 뼈대를 차곡차곡 많이 만들어놓음으로써 최종적인 뼈대 완성까지 유연하게 지적 생산이 이루어지게 됩니다.

제가 화이트보드를 이처럼 사용하게 된 것은 우연이었습니다.

학원을 운영하고 있어서 교실에는 항상 커다란 화이트보드가 있었지만, 수업을 위한 도구로만 사용했습니다.

그런데 언젠가 교실에 있을 때, 갑자기 어떤 사항에 대한 생각을 정리해 자료를 작성해야 할 일이 생겼습니다.

무엇을 곰곰이 생각할 때 이리저리 걸어 다니는 버릇이 있어서 그때도 교실 안을 어슬렁거리며 머릿속을 정리하고 있었는데 문득 좋은 생각이 나서 메모를 하고 싶어졌습니다.

그런데 근처에 메모 도구가 없어서 하는 수 없이 화이트보드에 그 생각을 적어보았습니다.

그러자 뜻밖에도 처음에 적은 것을 중심으로 발상이 점점 넓어지면서 화이트보드에 아이디어를 잔뜩 써넣을 수 있었습니다.

그 요인들 중 하나가 바로 화이트보드의 널찍한 넓이가 아닐까 합니다. 이 넓이가 신기하게 생각의 골자를 만들도록 도와줍니다.

그리고 자신만 내용을 알아보면 되기 때문에 예쁘게 쓰려고 애쓸 필요 없이 자유롭게 적을 수 있다는 점도 스트레스를 받지 않고 자유로이 발상을 넓힐 수 있는 또 다른 요인임이 분명합니다.

적는 내용은 단어도 있고 짧은 문장도 있습니다. 책 한 페이지 분량의 문장을 단번에 써 내려갈 때도 있습니다.

괜찮다 싶으면 표나 그림을 그려 넣기도 합니다.

가장 큰 장점은 잡다하게 적은 그림이나 문장을 조금 떨어진 위치에서 전체적으로 바라볼 수 있다는 점일 것입니다.

전체를 동시에 봄으로써 거기서 새로운 발상이 쉽게 태어나기 때문이지요.

일반적인 수첩이나 노트로는 이렇게 되지 않을 것입니다.

이제 저는 원고를 쓰는 등의 지적 생산 활동을 할 때 대부분 다음과 같은 과정을 거칩니다.

① 방 안을 걸어 다니며 이리저리 생각해본다.

② 좋은 아이디어가 떠오르면 화이트보드에 적는다.

③ 거기서 또 좋은 발상이 떠오르면 추가로 적는다.

④ 어느 정도 적으면 한 걸음 뒤로 물러서서 전체를 살펴본다.

⑤ 또 좋은 생각이 나면 적는다.

⑥ 일단락이 되면 적은 부분을 스마트폰으로 촬영한다.

⑦ 촬영하면 화이트보드에 적은 것을 다 지우고 ①로 돌아간다.

이런 흐름을 반복해 진행합니다.

그리고 이 작업이 끝나면 사진으로 찍었던 화면을 보면서 컴퓨터로 초안을 작성합니다.

여기서 새로 떠오른 생각을 추가하는 경우도 있지만 거의 불필요한 여분을 덜어내는 작업이기에 작업 효율성이 매우 좋습니다.

화이트보드 활용법

①

방 안을 걸어 다니
며 이리저리 생각
해본다.

②

좋은 아이디어가
떠오르면 화이트
보드에 적는다.

어떤 메모법이 있을까?
• 효율이 올라간다.
• 창조력이 생긴다.

③

어느 정도 쓰면 뒤
로 물러서서 살펴
본다. 또 좋은 생각
이 나면 적는다.

어떤 메모법이 있을까?
• 효율이 올라간다.
• 창조력이 생긴다.

④

일단락이 되면 스
마트폰으로 촬영
한 후, 화이트보드
를 지운다.

어떤 메모법이 있을까?
• 효율이
• 창조

자료를 깔끔하게 정리하는
단자쿠형 메모법

앞서 초기 단계의 아이디어를 정리하는 방법을 소개했습니다만, 이번에는 기획서 등에 들어가는 자료를 구성할 때 자주 사용하는 저만의 방법을 소개하겠습니다.

그 예로 제가 책을 기획할 때 항목을 정리하는 과정, 다시 말해 목차에 해당하는 부분을 만들 때의 과정을 설명하겠습니다. 보고서와 그 밖의 자료를 만들 때도 방식은 동일합니다.

지금 쓰는 방법에 이르기까지 마인드맵 같은 사고 도구나 포스트잇을 사용한 방법도 써봤지만, 제게 가장 잘 와 닿는 방법이 지금 소개하는「단자쿠短冊」를 사용한 구성법입니다.

단자쿠란 칠월칠석에 소원을 적거나 단가短歌나 하이쿠俳句를 적을 때 사용하는 기다란 직사각형 종이를 말합니다.

실제로는 B5나 A4 복사용지를 세로로 2등분한 것을 사용합니다.

여기에 책의 목차 속 항목에 해당하는 제목 등을 적습니다.

단자쿠 한 개에 항목은 하나만 들어갑니다.

앞서 소개한 화이트보드를 활용해 책 전체 개요를 정해두고, 이에 기반해 항목의 제목을 단자쿠에 적습니다.

생각나는 대로 많이 적어봅시다.

나중에 얼마든지 조정이 가능하므로 여기서는 내용의 질까지는 고려하지 않습니다.

한 장 쓸 때마다 벽에 붙이는데, 붙이는 순서도 처음에는 전혀 신경 쓸 필요가 없습니다. 여기서 순서를 따져보려고 하면 오히려 효율이 떨어지는 원인이 될 수 있습니다.

그렇게 몇 장이나 단자쿠를 붙여가면서 어느 정도 되었을 때 한 번 전체를 들여다봅니다.

그러면 그중에서 몇 가지「공통점」을 가진 단자쿠를 발견하게 되고, 이 공통된 내용에 맞추어 해당 단자쿠를 떼었다 붙였다 하며 한데 모아봅니다.

그것을 어느 정도 되풀이하다 보면 책에서 말하는「절」이 되고,

이를 또 정리하면 「장」으로 자연스럽게 분류됩니다.

여기까지 읽은 분들이라면 이 정도 작업은 포스트잇으로 해결할 수 있지 않느냐고 생각할지도 모릅니다. 하지만 제가 포스트잇을 사용하지 않는 결정적인 이유가 있습니다.

그것은 단자쿠의 크기 때문입니다.

시스템적으로 본다면 작은 포스트잇으로도 작업이 가능하지만, 일반적으로 판매되는 포스트잇은 정보를 적어놓기에 다소 작은 감이 있습니다.

커다란 포스트잇도 있긴 하지만, 비용 면에서 보면 복사용지를 이용하는 편이 합리적이라고 할 수 있죠.

크기를 고집하는 것은 거기에 항목의 제목 말고도 그 항목과 관련된 참고문헌이나 참고 도서의 제목까지 기입하기 때문입니다.

나아가 그 자료 속의 중요한 부분이 적힌 페이지와 행을 적어두면 나중에 본문을 작성할 때 매우 편리합니다.

이 외에도 그 항목에서 반드시 사용하고 싶은 구절이나 논리의 전개 등이 떠올랐다면 메모 대신 기입할 수도 있습니다.

이처럼 사전 단계에서 나중에 참고가 될 정보를 준비해 그 항목에 해당하는 내용의 흐름 등을 잡아둘수록 이후 작업이 매우 쉬워집니다.

04

단자쿠형 메모로
아이디어를 정리하자

①

단자쿠 형태의 메모에
생각난 것들을 이것저
것 적어본다.

D 가지고 다닌다 / 메모는 항상

A 사용한다 / 단어 카드를

E 기호의 활용

B 색깔만 쓴다 / 펜은 두 가지

F 독서 메모의 방법

C 기억하는 메모 / 얼굴과 이름을

②

공통점을 찾아내어 이
에 해당하는 단자쿠만
모아 늘어세운다.

F E
업무 능률을
올린다.

B A
잊지 않는 C
메모법

아이디어를
짜낸다. D

제3장

**아이디어는
손에서 나온다**

운전, 운동, 목욕,
아이디어의 굿 타이밍

여러분은 어떤 상황에서 좋은 생각이 많이 납니까?

사람에 따라 잠이 들기 전까지나 아침에 눈을 떴을 때, 또는 등하교 및 출퇴근의 전철 속에서 등등 다양할 것입니다.

저는 오랜 경험을 통해 좋은 아이디어가 떠오르는 상황을 나름 파악하고 있는데, 그중에서도 세 손가락에 드는 아주 좋은 상황이 있습니다.

아이디어가 번뜩이는 빈도를 기준으로 순서대로 꼽자면, 제3위는 자동차를 운전할 때입니다.

여기에는 조건이 있는데, 자주 다니는 길일 때만 가능하다는 것입니다. 새로운 길이나 고속도로를 달릴 때는 좋은 아이디어가 떠오르지 않습니다.

제2위는 조깅할 때입니다. 이것도 정해진 코스가 있고, 그곳을 한동안 달리고 있는 사이에 갑자기 좋은 생각이 튀어나올 때가 있습니다.

그리고 가장 좋은 상황인 제1위는 바로 목욕할 때입니다.

하지만 욕조에 몸을 담그고 있을 때가 아니라 꼭 몸을 씻고 있을 때 좋은 아이디어가 머리를 스치곤 합니다.

제 나름대로 분석해보니, 세 가지 상황은 몸을 움직이고 있지만 그 움직임은 무의식적으로도 할 수 있다는 공통점이 있습니다.

의식할 필요가 없기 때문에 그 행동에 대한 뇌의 용량도 덜 잡아먹게 됩니다.

몸을 움직이고 있다는 것 자체가 사고의 분산을 막아, 두뇌에서 아이디어가 태어나기 쉬운 토양을 만들어주는 것 같습니다.

그럼 아이디어는 어떤 시스템에서 태어나는 것일까요?

좋은 생각이라는 것은 기본이 되는 재료가 전혀 없는 상태에서는 발생하지 않습니다.

머릿속에 이미 들어가 있는, 겉으로는 전혀 연관성이 없어 보이는 정보들이 어떤 우연한 촉매에 의해 화학 반응을 일으켜 갑

자기 생각의 형태로 나타나는 것이라고 봅니다.

그 공정은 뇌가 자동적으로 수행합니다.

그렇게 어느 날, 제 세 손가락에 꼽을 만한 최고의 상황, 즉 뇌에 스트레스가 없는 상황에서 유기적으로 정보가 이어져 번뜩 좋은 생각이 샘솟는 것이지요.

이런 시스템은 따뜻하게 품은 계란에서 병아리가 부화되는 상황과 비슷하다고 해서 심리학에서는「부화 효과」라고 부릅니다.

그러나 한 가지 문제는 그게 언제 발생할지 누구도 예상할 수 없다는 점입니다. 그래서 기록할 준비가 되지 않았을 때 좋은 생각이라도 나면 그 소중한 아이디어를 그대로 놓칠 우려가 있습니다.

그래서 저는 메모 도구를 항상 가지고 다닙니다.

그런데 제게 아이디어가 제일 자주 떠오르는 상황은 운전, 조깅, 목욕을 하는 중입니다. 처음 두 가지는 손으로 메모를 할 상황조차 아닙니다.

그래서 차를 운전할 때나 조깅을 할 때는 보이스레코더를 꼭 가지고 다니지요.

그럼 목욕할 때는 어쩌나, 여러 가지 시행착오를 거친 결과 찾아낸 방법은「말머리」에서도 소개했듯 방수 기능이 있는 메모장을 이용하는 것이었습니다.

욕실에서는 압축된 공기로 잉크를 가압해서 젖은 종이에도 쓸 수 있는 볼펜을 상비하고 있습니다.

그렇게까지 메모를 하지만, 메모의 내용에 따라 항상 100%의 성과를 올리는 것은 아닙니다.

별 값어치도 없는 정보가 더 많을지도 모릅니다. 하지만 그 메모가 돌멩이에 불과한지 아니면 다이아몬드 원석의 가치를 갖고 있는지는 그 시점에서 전혀 알 수 없기 때문에, 생각난 것은 일단 메모장에 적어두고 있습니다.

내게 좋은 아이디어가 떠오르기 쉬운 상황 TOP 3

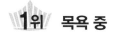 **목욕 중**

방수가 되는
메모장으로 메모

2위 조깅 중

보이스레코더로
메모

3위 자동차 운전 중

보이스레코더로
메모

좋은 아이디어를
놓치지 않을 확률
UP ↗

번뜩 떠오르는
아이디어의 비밀

여기서부터는 해답을 이끌어내는 논리적인 사고방식이 아니라, 어떤 때 갑자기 아이디어가 번뜩 떠오를 수 있기 위한 마중물 같은 메모법을 소개하고자 합니다.

그 전에 일단 아이디어를 창출하기 위한 두뇌 사용법을 소개하겠습니다.

앞서 좋은 생각, 아이디어가 번쩍 머릿속을 스치는 메커니즘에 대해, 뇌가 머릿속 소재들끼리 화학 반응을 시켜서 새로운 정보를 만들어내는 것이라고 설명했습니다.

무의식적인 상태에서 두뇌의 힘은 저나 여러분이나 일상 속에서 이미 사용하고 있습니다. 왜냐하면 일상적인 행동의 대략 90%가 무의식에 의한 것이기 때문입니다.

아마 집에서 학교나 회사로 갈 때, 차로 익숙한 목적지까지 갈 때, 매번 어떻게 갈지 생각하면서 행동하지는 않을 것입니다. 매번 가는 방법을 생각하면 뇌의 에너지를 대량으로 소비하게 되겠죠. 이를 방지하기 위해 무의식적으로 뇌가 행동을 자동 조종하고 있는 것입니다.

예를 들어, 목적지 대신 자신의 목표 등을 의식의 수면 아래로 잠기게 해두면 행동의 내용이 자동적으로 목표 달성에 가까워지는 방향으로 이동하게 된다는 식입니다.

하지만 그러려면 뇌에 어떤 자극을 주어야 할 필요가 있습니다.

대체 어떻게 자신이 기대하고 있는 생각을 뇌가 공유하게 만들 수 있을까요'?

이럴 때 뇌가 자동적으로 활동할 수 있게 하는 결정적인 자극법이 있습니다.

그건 바로 첫 단계부터 스스로의 머리로 열심히 생각하는 것입니다.

필사적으로 생각함으로써, 설령 그 자리에서 좋은 아이디어가 나오지 않더라도 의식의 수면 아래로 자신이 무엇을 원하는지 전할 수 있습니다.

어렴풋이 떠올리기만 하는 것 정도로는 뇌가 중요성을 인지해 활동할 준비를 하지 않습니다.

그리고 또 한 가지 중요한 것은, 열심히 생각한 후 그 일을 크게 의식하지 말고 그냥 내버려 두어야 한다는 점입니다.

① 뇌에 스트레스를 준다.

② 의식을 돌려 스트레스에서 벗어난다.

이런 흐름을 따라 움직임으로써 뇌 속에서 아이디어가 숙성될 시간을 확보해두는 것입니다.

그런데 처음에 열심히 생각하는 단계가 필요하다고 했는데, 그 생각을 하는 사이 「손으로 적어보는」 작업이 과연 필요할까요?

사실 직접 써서 바깥으로 끄집어내는 행위는 사고를 크게 넓히기 위한 필수 과정입니다.

앞서 「워킹 메모리」라는 뇌의 기능을 소개했습니다.

간단히 말하자면, 잠깐 동안 기억을 저장해두는 메모장 같은 역할을 하는 것이지만, 사실은 더 대단한 기능도 갖추고 있습니다.

바로 무슨 사고를 하고 있을 때, 참고가 될 만한 과거의 기억을 꺼내어 참조하는 능력입니다.

지금 머리에 떠오른 정보와 과거의 정보를 대조하는 기능 덕분에 사고를 넓게 확장할 수 있는 것입니다.

따라서 무슨 생각을 할 때, 이 워킹 메모리를 항상 풀가동하면 좋겠지만, 앞서 설명했듯이 그 용량은 너무나도 적습니다.

그래서 그 용량의 부족함을 메우기 위해 손으로 적어서 바깥으로 꺼내놓는 것입니다.

중요한 점이 떠오를 때 그것을 바로 적어두면 항상 워킹 메모리에 여유를 줄 수 있고, 점점 사고를 널리 확장할 수 있게 됩니다.

이제 이런 뇌의 성질을 이용한 두 가지 메모법을 설명하겠습니다.

아이디어를 부화시키는
질문 메모

생각을 한다고 해도 무작정 하는 것이 아니라 어떤 가이드라인이 있으면 좋을 것입니다.

그에 맞추어 생각함으로써 자동적으로 자신이 원하는 바를 뇌와 공유할 수 있다면 가장 이상적이겠지요.

그러기 위해 사용할 수 있는 아이템이 바로 「질문」입니다.

막연히 생각하라는 것은 의외로 매우 어려운 일입니다.

그러나 질문이 있으면 생각의 방향성이 대답을 향해 집약되기 때문에 오히려 집중해 사고할 수 있게 됩니다.

또한 무의식적으로 뇌도 그 질문에 대한 해답을 이끌어내려고 움직이기 때문에 일석이조의 결과를 낳습니다.

그러면 구체적인 방법을 설명하겠습니다.

우선 질문을 적는 것은 수첩이나 노트보다 복사용지처럼 낱장으로 된 종이가 더 알맞습니다. 크기는 A4 이상이 적합합니다. 이 종이를 가로로 놓고 사용합니다.

처음에는 한가운데에 질문을 적어놓습니다.

잠시 동안, 그 질문에 대한 답을 찾아내기 위해 여러 가지로 머리를 굴려봅니다.

그때 생각이 이리저리 머릿속을 헤매고 다녀도 괜찮습니다. 오히려 그 생각을 자꾸 발산하는 편이 더 좋습니다.

단, 떠오른 생각은 흘려보내지 말고 기록해놓습니다.

무슨 생각이 떠오르면 그것을 문장이 아니라「키워드」로 바꾸어 적어야 합니다.

그림이라도 그리는 것처럼 가운데 질문 주변에 키워드를 적어 선으로 이어놓습니다.

이 시점에서는 그게 정답인지 아닌지 판단할 필요가 없습니다.

마음에 걸리는 정도의 키워드가 있다면 고민하지 말고 쓰는 것이 중요합니다.

앞서 말했듯 이 메모법은 그 자리에서 바로 정답을 이끌어내는 것이 아니라 어디까지나 자신의 뇌에 원하는 것이 무엇인지 알리는 것이 목적입니다.

적어둔 키워드를 통해 더욱 사고가 넓어진다면 마찬가지로 선으로 이어 키워드를 추가해나갑니다.

정보가 너무 많아도, 반대로 너무 적어도 뇌가 활성화되지 않기 때문에 필기 내용이 용지 면적의 50% 정도쯤 차지하게 되었을 때 이 작업을 마칩니다.

다음에 이 용지를 평소에 자주 보이는 장소에 붙여둡니다. 그 후부터는 그 전체적인 모습을 멍하니 바라만 봐도 괜찮습니다.

이미 뇌가 질문을 받아들여 아이디어를 만들어낼 작업에 돌입한 상태여서, 그 과정을 게을리하지 않도록 꾸준히 자극하는 것이 목적이기 때문이지요.

그리고 아이디어가 부화하길 기다립니다.

질문 메모의 작성법

① A4 크기의 용지를 준비

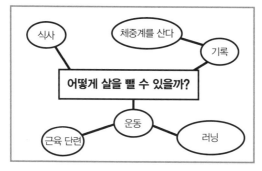

종이 가운데에 질문을 적고, 생각난 것들을 「키워드」로 적는다. 사고가 넓어지면 이것들을 선으로 잇는다.

② 질문 메모를 평소 자주 눈이 가는 곳에 붙여두면 뇌가 무의식적으로 아이디어를 만들어낸다.

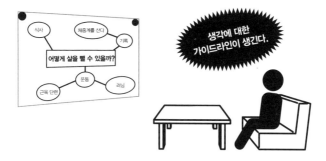

생각에 대한 가이드라인이 생긴다.

3-4

사고가 깊어지는
상관도 메모

　다음에는 키워드끼리의 상관관계를 살펴보는 사이에 자연히 깊은 사고를 하게 만드는 방법입니다.

　이번에도 질문 메모와 마찬가지로 복사용지처럼 낱장 용지를 사용하고, 크기도 A4 이상, 방향도 가로로 놓고 씁니다.

　이전에는 질문을 통해 사고의 스위치를 켰습니다.

　이번에는 「연상」을 이용해 아이디어를 끌어냅니다.

　앞에서 했던 대로 이번 역시 가운데에 떠올리고 싶은 아이디어의 메인 키워드를 기입합니다.

예를 들면, 「○○를 하는 간단한 방법」이나 「이보다 좋을 수 없는 ○○」 등 그냥 단어만으로 메인 키워드를 써도 괜찮습니다.

그 키워드에서 연상되는 일러스트 등도 그려보면 뇌가 재미를 느껴 깊은 인상을 받는 효과까지 얻을 수 있습니다.

그것을 기점으로 연상을 통해 떠올린 아이디어를 또다시 단어만으로 가운데의 메인 키워드 주변에 기입해나갑니다.

단, 이번에는 선을 그어가며 적을 필요가 없습니다.

그저 비어 있는 여백에 순서는 신경 쓰지 말고 무작정 적기만 하면 됩니다.

순서는 신경 쓰지 말라고 했지만, 연상으로 깊이 연결된 아이디어끼리는 되도록 가까이 놓는 편이 나중에 알아보기 쉽습니다.

이번에도 용지의 50% 정도 차면 작업을 마칩니다.

다 적은 후, 일단 전체를 살펴보세요.

그러면 연상으로 이어져 있는 아이디어는 물론이고, 아무렇게나 적어놓은 키워드들 중에서도 관련성이 있는 것을 발견하게 될 것입니다.

관련성을 찾아내면 그때 그것들을 모아 선으로 이어주세요.

그리고 이 관계를 표현할 수 있는 말, 예를 들어 「즐거운 휴일을 보내는 법」을 생각하기로 했을 경우 「독서」 「여행」이라면 「취미」라는 단어를, 「온천」 「음악」이라면 「휴식」이라는 단어를 선 위에 기입해놓습니다.

선으로 다 이은 후, 거기서 더욱 상위의 개념을 찾아냈다면 그 키워드끼리 선으로 묶어 포괄적인 의미를 가진 단어를 또 적습니다.

다시 예를 들자면, 아까 전의 「취미」와 「휴식」을 묶어 「힐링」이라는 말로 기입하면 되는 것이지요.

이렇게 상관도 메모가 완성됩니다.

이후 이것을 질문 메모처럼 평소에 눈이 잘 가는 장소에 붙여놓고 가끔 바라보아서 뇌가 활동하도록 자극을 줍시다.

상관도 메모 기법

① 키워드를 생각나는 대로 적어 넣는다.
상관성이 있는 것을 발견하면 선으로 이어둔다.

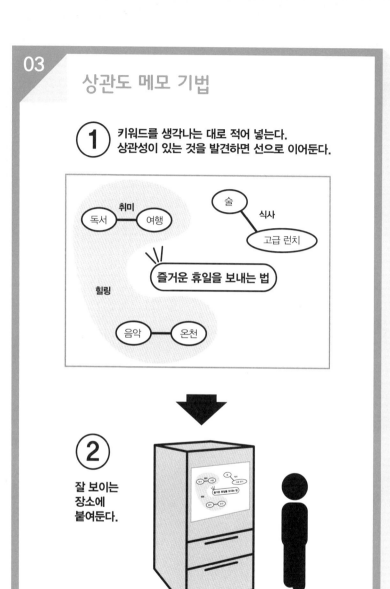

② 잘 보이는
장소에
붙여둔다.

문제의 본질을 탐구하는
엘리베이터식 메모

저는 뭔가 새로운 것을 배우거나 기술을 습득하고자 할 때 꼭 따르는 수순이 있습니다.

그 지식이나 기술이 왜 이렇게 되었는지 의문을 반복하면서 점점 상위 개념을 향해 올라가 제가 납득할 수 있는 수준의 본질까지 이해하는 과정을 거친다는 것입니다.

이렇게 함으로써 저 나름의 구체적인 방법 등을 창출해낼 수도 있습니다.

왜냐하면 본질을 파악하고 있으므로 새로운 방법에 타당성이 있는지 확인할 수 있기 때문입니다.

여기서 구체적 사례로 제가 어떻게 기억력을 향상시킬 수 있을까 하는 문제를 연구한 경위를 소개하고자 합니다.

기억력 경기에 참가하기로 결심했을 당시부터 이미 세상에는 명확한 이름이 붙은 기억술이라는 것이 많이 존재하고 있었습니다.

아주 오랜 옛날부터 현대까지 존재해왔으니 당연히 유효성은 있겠지요. 하지만 처음부터 아무 의심 없이 그 방법을 따르지는 않았습니다.

우선 그 방법으로 어떻게 많은 것을 오래 기억할 수 있는지 구조를 알고 싶었습니다.

그래서 처음에는 기억법 테크닉 몇 개를 비교해 공통 요소를 찾아내는 것에서 시작했습니다.

그렇게 몇 가지 모아 살펴본 기억법에는 분명 공통 요소가 존재하고 있었습니다.

뒤에 실린 표에서도 볼 수 있듯 「이미지(영상)로 기억하기」 「인상적인 이미지로 만들기」 「연상법을 사용하기」 「관련성 만들기」 「문자로 기억하는 것보다 더 재미있다」 등이 바로 그런 요인들이었습니다.

여기서 또다시 이어지는 요소로서 「추억」, 그리고 더 상위에 있는 「에피소드 기억」, 그 외에도 「두뇌」라는 키워드가 나왔습니다.

또 여기서 더 나아가 「두뇌의 메커니즘」이라는 키워드에 도달해 마지막으로 기억력을 향상시키는 가장 중요한 조건은 바로 「감정」을 움직이는 것이라는 결론에 도달하게 되었습니다.

뇌 속에서 기억을 관장하는 「해마」의 바로 옆에는, 인간이 희로애락 등 감정을 발생시키면 그에 반응해 활성화되는 편도체라는 부위가 있습니다.

그곳이 활성화되면 해마가 자극받아 기억을 강화하게 됩니다.

이것을 알게 되자 왜 많은 기억법들이 이미지(영상)를 활용하려고 하는지 이해하게 되었습니다.

일반적인 학습을 통해 기억하는 것들은 문자 정보가 많아, 그것만 놓고 보면 솔직히 재미가 없습니다.

그런 무미건조한 정보를 인상 깊은 이미지로 변환함으로써 자동적으로 감정을 움직여야 하는 것이지요.

이렇게 기억술의 본질을 파악하자, 이번에는 저만의 독자적인 기억 테크닉을 고안해낼 수 있었습니다.

여러분도 엘리베이터식 메모로 본질을 이해해두면 어떤 일이든 매우 편리하게 처리할 수 있습니다.

생각하는 수순은 이렇습니다.

① 각각에서 공통 요소를 찾아낸다.

② 왜 그 요소가 필요한지 생각하고 조사한다.

③ 그러면 또 거기서 몇 가지 키워드가 발생한다.

그리고 다시 ①부터 반복해 자신에게 필요한 단계의 개념까지 올라가는 것입니다.

이렇게 그 본질을 파악하고 나서 다시 아래로 내려가면 지식이나 기술을 더욱 깊게 이해해 흡수할 수 있게 됩니다.

엘리베이터식 메모

> **감정을 움직여 편도체를
> 자극하면 기억력이 UP**

그리고? | 두뇌의 메커니즘을 조사한다.

어디서
만들어지는가? | **두뇌**

추억이란? | 에피소드 기억

| 추억 |

공통 요소는? | • 문자가 아니라 이미지로 기억하기
• 관련성
• 연상법 사용
• 인상 깊은 이미지

기존의
기억술은? | • 연결법   • 스토리법
• 장소법   • 페그법

즉시 아이디어가
필요할 때

앞서 소개한 것처럼 좋은 생각이 떠오르길 기다릴 시간이 없고 바로 이이디어가 필요할 경우 역시 분명 존재합니다.

그럴 때 쓸 수 있는 편리한 방법이 있어서 알려드리고자 합니다.

명저 『아이디어 생산법』의 저자인 제임스 웹 영이 「아이디어는 기존의 요소를 새롭게 조합해 만들어낸 산물일 뿐이다」라고 주장한 것처럼, 아이디어란 아무것도 없는 무에서 태어나는 것이 아닙니다.

지금까지 한 가지 방향으로 보던 것을 관점을 바꾸어 살펴보면 사실은 다른 가치를 품고 있음을 알게 되는 경우가 매우 많습니다.

이번에 소개할 방법은 바꿔 보는 시점을 미리 준비해두고 그 프레임 워크에 맞춰 기존의 아이디어를 새로운 것으로 승화시키려는 것입니다.

이름도 바로 「SCAMPER 발상법」입니다. SCAMPER란 어느 단어들의 앞글자만 따서 만든 줄임말입니다.

S는 Substitute대체, C는 Combine결합, A는 Adapt응용, M은 두 가지 있는데 Modify수정 혹은 Magnify확대, P는 Put to other uses다른 용도, E는 Eliminate삭제, R도 두 가지 있는데 Reverse반대, 또는 Rearrange재편성를 뜻합니다.

이 앞글자만 모아 「SCAMPER」라고 부르는 것이지요.

예를 들면 어떤 상품, 서비스, 업무 내용, 방법, 시스템 등이 존재하는 경우, 거기에 위의 조건을 기계적으로 맞추어 새로운 발상을 이끌어내는 것이 이 발상법의 시스템입니다.

Substitute대체 ⋯ 현재 상황을 대체할 수 있는 것은 없는가?

Combine결합 ⋯ 다른 것과 결부할 수는 없는가?

Adapt응용 ⋯ 지금 있는 것을 응용할 수는 없는가?

Modify수정 ⋯ 이것을 어떤 식으로 수정 혹은 변경할 수 없는가?

Magnify확대 ⋯ 규모를 확대하거나 무엇을 더할 수는 없는가?

Put to other uses^{다른 용도} ··· 지금 방식과는 다른 용도로 쓸 수는 없는가?

Eliminate^{삭제} ··· 뭔가 제거할 부분은 없는가?

Reverse^{반대} ··· 현 상황과 정반대가 되면 어떻게 될까?

Rearrange^{재편성} ··· 지금 방식보다 더 좋게 재편성할 수 있는 방법은 없는가?

이상의 질문을 체크리스트로 만들어놓고, 아이디어가 필요한 과제에 대해 다방면으로 관점을 바꾸어 새로운 아이디어를 창출해낼 수 있을까 생각해보는 것입니다.

이미지를 떠올리기 쉽도록, 가령 당신이 지우개 제조회사의 기획부 직원으로서 신상품에 대해 생각해본다면 SCAMPER 발상법을 활용할 때 다음과 같이 될 것입니다.

S^{대체} ··· 지우개를 대신할 수 있는 것은 없는가?

C^{결합} ··· 지우개와 다른 것을 결부할 수는 없는가?

A^{응용} ··· 지우개를 다른 것에 응용할 수는 없는가?

M^{수정} ··· 지우개를 다르게 바꿀 수는 없는가? (소재, 디자인 등)

M^{확대} ··· 지우개의 기능에 부가 가치를 더할 수는 없는가?

P^{다른 용도} ··· 지우개를 다른 용도로 쓸 수는 없는가?

E^{삭제} … 지우개에서 뭔가 제거할 부분은 없는가?

R^{반대} … 지우개 기능의 정반대는 무엇일까?

R^{재편성} … 지우개의 용도를 문구 이외로 범위를 확장할 수는 없는가?

이런 식으로 미리 정해놓은 체크리스트에 맞추어 발상을 해나가는 것입니다.

모든 질문으로 최적의 해답을 찾을 수 있는 것은 아니지만, 적어도 뜬구름만 잡는 것을 방지하고 효율적으로 발상하기 위한 지침이 되어줄 것은 분명합니다.

꼭 한번 활용해보세요.

순식간에 아이디어를 만들어내는 SCAMPER 발상법

(S)ubstitute (대체)
▶ 현재 상황을 대체할 수 있는 것은 없는가?

(C)ombine (결합)
▶ 다른 것과 결부할 수는 없는가?

(A)dapt (응용)
▶ 지금 있는 것을 응용할 수는 없는가?

(M)odify (수정)
▶ 어떤 식으로 수정 혹은 변경할 수 있는가?

(M)agnify (확대)
▶ 규모를 확대하거나 무엇을 더할 수는 없는가?

(P)ut to other uses (다른 용도)
▶ 지금 방식과는 다른 용도로 쓸 수는 없는가?

(E)liminate (삭제)
▶ 뭔가 제거할 부분은 없는가?

(R)everse (반대)
▶ 현 상황과 정반대가 되면 어떻게 될까?

(R)earrange (재편성)
▶ 지금 방식보다 더 좋게 재편성할 수 있는 방법은 없는가?

제4장

성과를 만들어내는
메모 기술

목표를 달성해주는
4분의 기적

학창 시절을 포함해 직장에서든 개인적인 생활 속에서든 글을 써아 할 기회가 종종 있습니다.

논문, 보고서, 기획서, 블로그 등등 말이죠.

바로 작성을 시작하면 좋겠지만, 마음처럼 쉽게 되지 않을 때가 많습니다.

막상 시작하려고 하면 어쩐지 의욕이 안 생기고 결국은 뒤로 미루게 된 경험을 한 적도 있을 것입니다.

거기에는 내용의 완벽함을 추구하려는 심리가 작용하는 것일지도 모릅니다.

그러나 아무리 뛰어난 사람이라도 한 번 만에 완벽한 내용을 만들어낼 수는 없습니다.

몇 번이나 수정하고 삭제하고 가필하는 단계를 밟아나가야 만족스러운 수준으로 완성할 수 있는 것이지요.

일단 무엇이든 한 번은 결과물을 만들어내는 것이 중요합니다.

하지만 그래도 막상 글쓰기를 주저하는 사람이 있을지도 모르지요.

그럴 때 이용할 수 있는 뇌의 메커니즘이 있습니다.

뇌 안에는 「의욕」을 만들어내는 측좌핵(동기 및 보상과 관련된 정보를 처리하는 뇌의 보상체계. 뇌의 좌우에 신경들이 모여 있는 곳)이라는 부위가 있습니다.

이 세포가 자극을 받으면 의욕이 생깁니다.

그렇지만 이 부분은 리액션이 별로 좋지 않아서, 뭔가 다른 방법으로 자극해야 합니다.

가장 좋은 방법이 바로 「우선 작업을 시작하기」입니다.

문장의 경우라면 글을 일단 써보고, 컴퓨터의 경우라면 일단 입력을 시작해보는 것이죠.

여러분도 처음에는 별로 내키지 않더라도 일단 시작하면 점차 할 마음이 생겨서, 정신을 차리고 보니 푹 빠져 일하고 있었던 경험은 없나요?

이것도 측좌핵이 자극받아 생긴 결과입니다.

이처럼 측좌핵은 「글을 쓴다」 「컴퓨터에 입력한다」 「생각한다」와 같이 실제로 몸을 움직이거나 머리를 쓰는 행위에 자극을 받습니다.

그리고 측좌핵이 자극을 받으면 뇌 안에서 의욕을 일으키는 신경 전달 물질이 생성됩니다.

하지만 그렇게 일단 시작은 했지만 스타트 대시의 속도감을 오랫동안 유지하기란 매우 어렵습니다.

그래서 스타트한 후에 견디며 노력해야 하는 대략적인 시간을 소개하겠습니다.

미국의 심리학자 레너드 주닌이 주장한 바에 따르면, 그 시간은 시작하고 4분간입니다. 무엇인가를 할 때 시작부터 4분간 작업의 흐름에 몸을 맡길 수 있으면, 그 후는 편하게 작업을 진행할 수 있다는 법칙이지요.

따라서 글을 쓰기 시작해서 4분 동안을 의욕이라는 로켓을 궤도에 오르게 돕는 추진체로 받아들이고, 글의 구조나 흐름 등 세밀한 부분은 크게 신경 쓰지 말고 계속 진행하는 것이 결과적으로 높은 효율과 질 좋은 결과물의 완성으로 이어지게 됩니다.

01 의욕이 없어도 일단 "4분간" 해보기

뇌의 측좌핵이 자극을 받아 의욕이 상승한다.

작심삼일을 극복하는 기록 메모

이루어야 할 목표가 있다면, 달성하기 위해 해야 할 가장 중요한 것은 골인 지점으로 이어지는 행동을 매일 꾸준히 해나가는 것입니다.

반대로 매일 무슨 행동이나 습관을 지속적으로 하는 것도 어떤 목표가 있기 때문이라고 볼 수 있지요.

그렇게 되면 행동을 지속하기 위한 동기 유지가 가장 큰 역할을 짊어지게 됩니다.

따라서 맨 처음에 동기를 어떻게 설정하느냐가 매우 중요합니다.

대부분의 사람들은 자기실현을 목표로 하면서 동시에 「타인과의 경쟁」을 동기로 설정합니다.

의욕을 내고 안 내고의 문제를 남들과의 승부로 정해두면, 상대방에게 졌을 때 단번에 의욕이 저하되고 마는데, 이것이 바로 사람이 가진 동기라는 것의 특징입니다.

그래서 자기실현을 위해서는 자신과의 싸움, 다시 말해 스스로의 성장을 기뻐하는 일에 주력하는 것만이 좌절을 막고 오랫동안 동기를 유지하는 포인트라고 할 수 있죠.

이를 위해서는 자기 성장을 매일 확인하는 과정이 필요합니다.

이때 도움이 되는 것이 「기록 작성」입니다.

저 역시 기록을 계속하며 연습한 덕분에 기억력 대회에서 우승하는 영광을 얻을 수 있었습니다.

처음 기억력 일본 선수권 대회에 출전하기로 결심했을 때는 아무 지식도 없어서 어느 정도의 성적으로 우승할 수 있는지, 어떤 대단한 선수가 있는지 그야말로 암중모색의 상태에서 연습해야 했습니다.

결국 싫든 좋든 연습은 자신과의 싸움일 수밖에 없었습니다.

그래서 자신의 성장을 확인하기 위해 이용한 것이 기록을 적는 일이었습니다.

컴퓨터로 각 종목의 기록표를 만들어 매일 거기에 연습한 결과를 적기 시작했습니다.

이 기록표를 보고 힘을 내면서 연습을 계속해 결과적으로 기억력 대회에서 일본 최고라는 타이틀을 얻을 수 있었습니다.

나중에 보니 이 기록하기를 잘했다고 생각합니다.

기록할 때는 어떤 행동에 대해 ○나 ×, 혹은 △ 등 기호로 표시할 수 있습니다.

또는 「오늘은 괜찮았다」「그럭저럭이었다」「별로였다」 등으로 한 줄 코멘트를 적어둘 수도 있지요.

하지만 이래서는 결과를 평가하기가 애매합니다.

그래서 저는 모든 기록을 시간이나 점수 같은 「수치」로 기록했습니다.

수치로 기록하면 객관적으로 자신의 실력이 얼마나 성장했는지 일목요연하게 알아볼 수 있습니다.

그렇게 그 확인 자체에 재미를 붙이게 되어 다음 연습에 대한 동기로 이어지게 되었습니다.

설령 도중에 수치가 별로 늘어나지 않더라도, 나중에 급속도로 성장하기 위해 필요한 정체기라는 것을 알게 되어 오히려 침착함을 유지할 수 있었지요.

사실 말이 쉽지, 수치화가 아예 불가능한 기록도 존재할 수 있습니다.

그럴 때는 수준을 5나 10단계로 나누어 수치화하면 좋습니다.

각 수준의 조건이 5단계라면 최고 5, 보통을 3, 최저를 1이라는 식으로 미리 정해두면 적어도 그때그때 떠오르는 평가의 말보다 객관성을 높일 수 있습니다.

목표는 사람마다 다르지만, 어떤 것을 목표로 삼든 간에 달성하기 위해서는 매일 꾸준히 행동해야 한다는 점은 똑같습니다.

그 동기 지속을 위해 여러분도 기록을 해보는 것이 어떨까요?

기록하지 않으면 찜찜할 정도로 습관으로 만든다면 더더욱 좋을 것입니다.

02 목표를 향해 기록을 적어 의욕을 유지시키자

	4/1	4/2	4/3	4/4
공부시간	1h	1.5h	1.5h	1.5h
러닝	10분	20분	10분	0분
컨디션	4	5	3	1

수치화하기 힘든 기록은 5단계나 10단계 평가로
써두면 객관성이 높아진다

성취감, 자존감을
높이는 메모

무슨 일이든 행동에 나서지 않으면 일이 시작되지 않는다는 것은 알지만, 현재 위치에서 한발 내딛기란 그리 쉬운 일이 아닙니다.

왜냐하면 머리로는 이해하고 있어도, 무의식적으로 현 상황에 눌러앉아 안정감을 얻으려 하기 때문입니다.

그리고 실패에 대한 두려움도 존재합니다. 실패에 대한 공포심이 너무 크면 앞으로 나아갈 수 없습니다.

이런 경우에 해당되는 사람이 있다면, 이를 해소하기 위해 사고방식 자체를 근본적으로 바꾸어야 할 것입니다.

사고방식이란 이제까지 살아오면서 겪은 체험이나 교육을 통해 점차 형성되는 가치관, 신념과 같은 생각의 형태를 일컫습니다.

이런 사고방식의 틀은 오랜 시간에 걸쳐 만들어졌기 때문에, 이를 바꾸기 위해서는 매우 큰 인상을 주는 발상의 전환이 필요합니다.

어떤 식으로 사고의 틀을 바꿀 수 있는지 간단히 설명하자면, 행동한 결과를 보고 실패 요소를 없애기만 하면 됩니다.

그런 일이 가능하다면 누가 고생하겠느냐고 생각할 수도 있겠지만, 이것도 사실 생각을 어떻게 하느냐에 따라 달라질 수 있는 일입니다.

다시 말해 어떤 형태든지 자신의 행동을 통해 발생한 결과는 자신에게 모두 성공 경험이라고 미리 정해두면 된다는 뜻이지요.

남들에게는 실패로 보여도, 시점에 따라 그곳에서 무엇인가 배울 점이 있었다고 인식하면 그 체험은 결과적으로 성공이라고 부를 수 있지 않을까요?

이처럼 생각할 수 있게 된다면 자신의 행동은 모두 성공적이기 때문에 과감하게 행동하고 많은 성공 체험을 얻어 자신의 능력을 높이려고 의식하게 될 것입니다.

그런 생각을 갖도록 자신의 뇌를 길들일 필요가 있습니다.

이를 위해 노트, 수첩, 일기장 등 글을 적어 발상의 전환을 꾀

하는 방법을 여기서 소개하고자 합니다.

이 방법을 활용하면 하루의 일과를 돌아보게 되므로 잠들기 전이 가장 좋습니다.

노트, 수첩 등 첫 페이지 한가운데에 선을 그어 두 개의 열을 만듭니다.

왼쪽 열에는 그날 했던 일을 생각나는 대로 적어봅니다.

그 행동의 결과가 만족스러웠거나 그 이상으로 좋았다면 그 행동 바로 옆에 있는 열에 그냥 「성공」이라고만 적어둡니다.

만약 그 결과가 자신의 예상과 달랐거나, 잘 풀리지 않았거나, 마이너스적인 감정이 생길 만한 일이었다면 여기서 발상의 전환을 해야 합니다.

그 결과에서 자신이 무엇을 배울 수 있었는가 생각하는 쪽으로 관점을 바꾸는 것이지요.

「성장하기 위해서 ○○가 부족하다는 걸 알았으니 성공」

「나는 ○○에 대한 소질은 없는 것 같다. 앞으로 쓸데없이 그런데 시간을 투자하지 않을 테니 성공」

「실패하고 말았지만 이걸 교훈으로 삼으면 경험치가 올라갈 테니 성공」

이런 식으로 발생한 결과를 성공으로 변환해 코멘트를 적어두는 것입니다.

이걸 계속하다 보면 공포심이 점점 줄어들게 됩니다.

새로운 것에 도전할 때도 자신의 성장에는 모두 성공 체험이라는 의식을 갖게 되어 비약적으로 행동력이 높아지는 효과를 얻을 수 있습니다.

실패를 두려워하지 않게 되는 메모

● 아침 일찍 일어나지 못했다. ▶	알람이 한 개가 아니라 두 개는 필요하다는 걸 알았다.
● 프레젠테이션을 잘 못했다. ▶	연습 시간이 부족했음을 알았다.
● 시간 안에 일을 끝내지 못했다. ▶	효율적인 업무를 생각해볼 좋은 기회다.

발상의 전환으로
자연히 성공 체험이
많아진다.

실행력이 2~3배 높아지는
조건부 메모

　큰 목표가 있을 때, 이를 달성하기 위해서는 필요한 행동을 매일 착실하게 실행해야 합니다.

　예를 들어, 목표가 다이어트라면 매일같이 칼로리 제한이나 운동에 집중해야 할 것입니다.

　그러나 매일 착실하게 행동을 이어간다는 것은 매우 어려운 일입니다.

　가장 큰 이유 중 하나는 어쩌다 보니 기회를 놓치게 된다는 점입니다.

저 역시 업무가 바쁘거나 개인적인 일을 처리하다 정신을 차려 보면 해야 할 일을 잊고 있는 경우가 종종 있습니다.

이런 일을 방지하고 확실하게 실행 확률을 올리는 방법이 지금 까지 여러 연구로 밝혀져 있습니다.

즉, 행동 계획을 미리 설정해두는 것입니다.

연구에 의하면, 「언제」 「무엇을」 행동하겠다는 계획을 사전에 구체적으로 설정해두는 것만으로, 실행할 수 있는 확률이 아무것도 하지 않았을 때보다 2~3배 높아집니다.

그 행동 계획을 구체적으로 만든 것이 바로 「If-Then 플래닝」입 니다.

「If-Then 플래닝」이란 「만약 ○○라면 ××하겠다」와 같이 미리 정해둔 조건의 상황이 되면 반드시 설정한 행동을 하겠다는 계획 을 세워두는 방법이지요.

예를 들어, 앞서 말했던 다이어트를 하기 위한 플래닝을 해본 다면 이렇습니다.

「If」 수요일과 금요일에 일이 끝나면

「Then」 헬스장에 가서 한 시간 운동을 한다.

혹은

「If」 간식을 먹고 싶다면

「Then」 땅콩을 4알 먹는다.

이런 식으로 어떤 조건에 해당하는 구체적인 행동을 설정해두는 것입니다.

다이어트 외에도 공부나 다른 연습에 응용할 수 있습니다.

이런 조건을 부여함으로써 행동이 촉진되는데, 이것이 바로 두 뇌의 특성과 연관되어 있습니다.

「○○라면 ××」라는 정보는 뇌가 이해하기 쉬운 문법이기에 더욱 강하게 뇌에 지시를 내릴 수 있습니다.

이렇게 조건부의 행동 계획이 기억에 강하게 남습니다.

그러면 잠재의식에도 새겨져 무의식적으로 행동할 수 있게 되죠. 그 행동을 하지 않으면 어쩐지 기분이 찜찜해져서, 이를 해소하기 위해 자연히 실행에 옮기기 때문입니다.

한 가지, 이 「If-Then 플래닝」을 행할 때 주의해야 할 점이 있습니다.

「~하지 않는다」나 「~을 그만둔다」와 같은 부정적인 행동은 설정에 넣지 않아야 한다는 점입니다.

이것도 뇌의 특성과 관련 있는데, 부정하면 부정할수록 머릿속에서 자꾸 떠나지 않아 오히려 그 일에 얽매이는 역효과를 불러옵니다.

그래서 플래닝을 할 때는 「그만두고 싶은 일」이 아니라 「하고 싶은 일」「해야 할 일」이라는 긍정적인 방향을 설정합시다.

실행할 수 있는 확률이 2~3배 올라가긴 하지만, 실행할 수 없는 일도 나올지 모릅니다.

그때는 설정한 행동의 난이도가 높았을지도 모르니, 그런 경우는 난이도의 허들을 낮추어 실행하다가 서서히 수준을 높이는 방향으로 진행하는 것이 좋습니다.

다이어트에도 유효한 메모

If
수요일과 금요일에
일이 끝나면

➡ **Then**
헬스장에 가서
한 시간 운동을 한다

If
간식을 먹고 싶다면

➡ **Then**
땅콩을 4알 먹는다

If
아침에 일어나면

➡ **Then**
따뜻한 물을 한 잔 마신다

계속하면 무의식적으로 행동하게 된다.

Point

「하고 싶은 일」
「해야 할 일」 등
긍정적인 방향으로 적는다.

실행력
UP

목표를 이루려면
일단 쓰자!

　제가 세계 기억력 선수권에 출전해 일본인 최초로「기억력 그랜드 마스터」의 칭호를 획득했을 때 처음 활용한 목표 달성법이 있습니다.

　그것이 성공했기에 이후 기억력 경기 외에도 목표가 생길 때마다 이 방법을 사용해왔습니다.

　그 방법은 바로「종이에 목표 적기」입니다.

　「에이, 그게 다야?」라는 생각이 들 수도 있지만, 예전부터 사용되어온 것들 중 매우 강력한 목표 달성 비법입니다.

많은 분들이 이미 알고 계시겠지만, 괴물 투수로 불리며 메이저리그에 진출한 일본인 야구 선수는 아주 어린 시절부터 자신의 목표를 구체적이고 명확하게 기록하는 습관을 가졌다고 합니다. 그러나 어떤 목표라도 단순히 이루고 싶다고 원하기만 해서는 이루어지지 않습니다.

그 목표를 달성하기 위해서는 무엇이 필요한지 이해해서 그것을 일상적인 행동 수준까지 녹아들게 할 필요가 있습니다.

그날 할당된 행동을 꾸준히 해나감으로써 목표 달성에 가까워지지만, 「목표 달성을 위해 이걸 꼭 해야 한다」라는 생각을 항상 의식하기는 매우 힘듭니다.

앞에서도 소개한 것처럼 일생생활의 90%는 무의식에 의해 행동이 제어된다고 합니다. 그만큼 무의식의 영향이 크다는 뜻이지요.

아침에 일어나서 집을 나설 때까지의 행동, 학교나 회사로 가는 길, 몇 년째 타고 있는 차의 운전 등은 무의식이 자신을 자동 조종하고 있기 때문이라고 볼 수 있습니다.

그러면 이루고 싶다는 목표도 의식의 수면 아래 새겨 넣을 수 있다면, 무의식적으로 일상의 생각이나 행동이 목표 달성의 지름길을 따라갈 수 있도록 뇌가 자동 조종을 해줄 것입니다.

하지만 뇌 속에서는 하루 종일 여러 가지 사고들이 흘러 다닙니다. 지금 생각은 이렇게 하고 있어도 다음에는 다른 걸 생각하지요.

뇌에게 목표를 이해시키기 위해서는 이 사고의 흐름을 일시 정지시키고 주목시켜야 합니다. 그렇게 하기 위한 가장 유용한 수단이 「종이에 쓰기」라는 행위입니다.

목표를 쓰는 곳은 복사용지든 노트든 수첩이든 뭐든 좋습니다. 단, 나중에도 설명하겠지만 꼭 눈에 잘 띄는 곳에 놓아두세요.

여러분 중에는 실제로 과거에 목표를 종이에 적었는데도 달성하지 못한 사람이 있을지도 모르지만, 사실 종이에 적기만 해서는 부족합니다.

뇌의 성질을 이용해 어떤 것을 추가해주어야 하기 때문입니다.

첫 번째는 이미지를 이용하는 것입니다.

뇌는 문자보다도 이미지를 더 잘 이해하는 성향이 있습니다. 뇌에 이렇게 되고 싶다는 모습을 강하게 이해시키려면 이미지로 보여줄 필요가 있습니다.

그러니 목표를 문자화해서, 그것을 보면 머릿속에서 실제로 그것을 달성해 기뻐하는 이미지를 함께 떠올릴 수 있게 해주세요.

그게 어렵다면 이미지를 그림으로 만들어 붙여두거나, 잡지 등에서 자신의 목표를 연상시킬 수 있는 사진 등을 잘라 붙여두는 것도 좋은 방법입니다.

긍정적인 이미지를 통해 기대에 차서 가슴을 두근거리는 일은 뇌에 활기를 불어넣기 때문에 뇌도 그 상태에 가까워지려고 작용하게 됩니다.

그리고 두 번째가 바로 복습입니다.

목표라는 것은 계속 머릿속에 담아두기만 한다는 의미에서 보면 「미래의 기억」에 불과합니다.

기억이라면 기억의 성질을 이용할 수 있다는 뜻이기도 합니다.

이전에도 언급했지만, 기억을 강화하기 위한 중요 요소 중 하나가 복습입니다. 횟수를 늘릴수록 기억이 오래 정착되지요.

여기서 목표도 눈에 띄는 곳에 붙여서 자동적으로 눈에 닿는 횟수를 늘리는 것입니다. 그게 복습이 되고, 목표를 뇌에 더욱 강하게 각인할 수 있습니다.

이 목표를 쓴다는 방법은 매우 강력하지만, 예전에는 저도 「종이에 뭘 쓴 것 가지고」라고 우습게 보던 시절이 있었습니다. 마찬가지로 생각하는 사람이 많을 것입니다.

그러나 이것으로 목표 달성을 하는 사람이 있는 것도 사실입니다.

목표를 종이에 적기만 하면 됩니다.

그것을 사진으로 찍어 스마트폰 같은 기기의 배경 화면으로 삼는 것도 한 가지 방법입니다.

속는 셈 치고 한번 시험해보는 것은 어떨까요?

목표를 쓰면 이루어진다

① 기뻐하는 이미지와 함께 목표를 적는다.

기뻐하는 이미지를 그려 넣는다.

② 보이는 장소에 붙인다.
스마트폰 배경 화면으로 써도 OK.

메모로 불안, 긴장을 제거한다

중요한 일을 앞두면 누구나 불안한 법입니다.

불안이 심해지면 긴장도 덩달아 높아지기 마련이고요.

결정적인 순간에 높은 수준의 실력을 펼쳐 보이기 위해서는 다소의 긴장도 필요하지만, 지나치면 「심한 긴장」 상태에 빠져 뇌가 비상사태라고 판단함으로써 신체에 정확한 지령을 내릴 수 없게 됩니다.

긴장이 심하면 본래의 실력을 발휘할 수 없습니다.

이런 불상사가 발생하지 않으려면 중요한 일에 임하기 직전의 불안이나 걱정을 가급적 해소하는 것이 좋습니다.

따라서 여기에서는 그런 불안과 걱정을 없애는 방법을 소개하 겠습니다.

우선 왜 이런 상태에 빠지게 되었는지 잠시 분석해봅시다.

여기에는 앞서 나왔던 뇌의 기능들 중 하나인「워킹 메모리」라 고 불리는 기능이 연관되어 있습니다.

뇌의「메모장」과 같은 역할을 하며, 암산 같은 걸 할 때 중간에 나온 계산 결과를 잠시 동안만 기억할 때도 워킹 메모리를 사용합니다.

즉, 뇌의 완충 장치 같은 것으로, 용량은 적지만 이 여유 공간 덕분에 뇌는 여러 선택지에서 해결책을 고를 수가 있습니다.

매우 편리한 능력이지만 한 가지 약점은 정신 상태에 매우 쉽게 좌우된다는 점입니다.

긴장이나 불안이 생기면 우선 그 뇌의 메모장에 불안이나 걱정이 입력됩니다.

메모장의 용량이 적기 때문에 금방 가득 차버리지요.

그렇게 되면 다른 것을 생각할 여유가 없어지는데 이것이 소위 말하는, 머릿속이 백지상태가 되는 현상입니다.

이를 막기 위해서 여기서도 글씨를 쓰는 것이 유용한 대책이 될 수 있습니다.

시카고 대학의 심리학자 사이언 베일락이 한 실험에 의하면,

본격적인 시작에 앞서 갖는 압박감을 해소하는 데 유용한 수단은 「종이에 불안 요소를 모두 적어본다」입니다. 아주 사소한 것이라도 불안한 점을 무작정 다 적어보는 것이지요.

「막상 시작했을 때 잊으면 어쩌지」부터 「긴장으로 말이 안 나오면 어쩌지」「시간이 부족하면 어쩌지」등 냉정할 때 따져보면 기우에 불과할 것 같은 수준의 불안이나 걱정을 줄줄이 종이에 다 적는 것입니다.

남에게 보이는 것이 아니기 때문에, 이런 것까지 써야 하나 싶은 것도 과감하게 적는 것이 좋습니다.

이 방법이 유용한 것은 불안이 얼마나 큰지 눈으로 확인할 수 있기 때문입니다.

워킹 메모리를 뇌의 메모장이라고 했는데, 실제 메모장처럼 적은 것들이 눈에 명확히 보이는 것은 아닙니다.

따라서 불안 요소가 심각하고 엄청나게 크다고 착각하기 쉽지요.

이때 머릿속에 있는 불안 요소를 실제로 종이에 적어보면 손으로 꼽을 정도로 몇 개 안 되고 통제할 수 있는 수준임을 알게 됩니다.

다시 말해, 자신이 품고 있던 불안의 전체상을 눈으로 확인함으로써 부정적인 생각의 족쇄를 끊을 수 있다는 뜻입니다. 저도 경기 직전의 긴급 대책으로 이 방법의 도움을 많이 받았습니다.

06 마음을 안정시키는 메모법

어쨌든 불안 요소를 종이에 적어본다.

- 시간이 부족해지면
  어쩌지
- 기억이 안 나면
  어쩌지
- 집중 못하면
  어쩌지

**불안의 양을 눈으로 볼 수 있기 때문에
마음을 가라앉힐 수 있다.**

냉정함
UP

제5장

숨겨진 천재성을
끌어내는「쓰기」훈련

의지력을 단련하는
「쓰기」 훈련

현대에 가장 주목받는 능력 중 하나가 「의지력」입니다.

이 의지력이란 감정이나 행동, 욕구 등을 제어하는 힘을 의미합니다.

최근 연구에서 강한 의지력이야말로 인생의 성공을 좌우하는 열쇠라는 것이 밝혀졌습니다.

정말로 세상을 보면 사업, 정치, 스포츠 등의 분야에서 성공한 사람들은 모두 강한 의지력을 가졌다는 것을 쉽게 알 수 있습니다.

자신을 조절하는 능력이 높기 때문에 목표를 향해 헤매지 않고 최단 거리로 나아갈 수 있는 것이겠지요.

또한 이 의지력은 집중력과 같다고 말할 수 있습니다.

다시 말해, 의지력이 높은 사람은 동시에 집중력도 높아서 다방면으로 좋은 실력과 결과물을 선보일 수 있다는 것입니다.

이 의지력의 재미있는 성질 중 하나가 사용하면 사용할수록 소모된다는 점입니다.

예를 들어, 하루만 놓고 보아도 의지력은 강도가 일정하지 않고 무엇에 대한 결단을 내리거나 의사 결정을 할 때마다 점점 줄어듭니다.

그렇다고 해서 사용하지 않고 아끼면, 몸의 근력과 비슷하게도 이 의지력은 점점 쇠퇴합니다.

거꾸로 말하면, 단련할수록 점점 강해집니다.

왜냐하면 의지력을 만들어내는 것은 바로 뇌이기 때문입니다.

뇌에는 목적에 맞추어 변화할 수 있는 신경 가소성이라는 성질이 있는데, 올바른 단련을 통해 이에 적합한 신경 회로를 새로 늘릴 수 있습니다.

그럼 무엇을 하면 의지력을 단련할 수 있을까요?

보통 의식하지 않고 행하는 행동을 자제력이 필요한 행동으로 바꾸는 것입니다.

간단히 설명하자면, 평소에는 의식하지 않고 자연스럽게 할 수 있는 일을 오히려 집중하고 의식하는 방식으로 바꾸어보는 것입니다.

예를 들면, 「쓰기」 작업도 의지력 트레이닝에 충분히 활용할 수 있습니다.

통상적으로 오른손잡이라면 자연히 오른손으로 글씨를 쓰고 그림을 그립니다.

아주 오랜 세월 동안 그렇게 살아왔기 때문에 크게 의식하지 않고 술술 문자를 쓸 수 있습니다.

그런데 이것을 일부러 왼손으로 해보는 것입니다.

이제까지 글씨를 쓰고 그림을 그리는 데 왼손을 써본 적이 없기에 당연히 매우 어색하고 불안정합니다.

제대로 된 글씨나 그림으로 완성하려면 의식하고 집중하는 일이 필요합니다.

이깃이 바로 자제력을 기르는 방법입니다.

그러나 여러 면에서 지장이 있으므로 하루 종일 반대쪽 손으로 쓰고 그릴 수는 없습니다. 그래서 하루 중 일정 시간에 한해서, 매번 쓰는 손이 아닌 손으로 글씨를 쓰거나 그림을 그려보는 것이 좋습니다.

일기처럼 자유롭게 적는 것도 좋지만, 훈련으로만 본다면 글씨나 그림의 본을 따라 그리는 것도 훌륭한 방법입니다. 본을 따라 그리는 것에는 상당한 집중력이 소요됩니다.

오른손의 신경은 좌뇌, 왼손의 신경은 우뇌로 이어져 있기 때문에, 지금까지 쓰지 않았던 뇌의 장소를 활성화한다는 점에서만 봐도 매우 효과가 있습니다.

저글링 연습이나 악기 연주 등 주로 사용하는 손이 아닌 다른 손까지 사용하는 행위도 의지력 훈련이 됩니다.

저 자신도 돌아보면 훈련을 통해 의지력을 많이 향상시켰습니다.

그 훈련에는 단기간에 작은 목표를 많이 설정하는 요령을 활용했습니다. 그 작은 목표에 대한 성취감이 쌓여 동기를 유지하고 자극하는 데 도움을 주었다고 생각합니다.

의지력을 단련하는 훈련법

**자주 쓰는 손이 아닌 반대의 손으로
글씨를 쓰거나 그림을 그려본다.**

저글링과 악기 연주도 집중력 훈련이 된다.

감성을 키우는
「그리기」 훈련

앞에서 의지력을 기르기 위해 왼손으로 「쓰는」 훈련을 소개했습니다만, 어떤 의미에서는 뇌에 새로운 회로를 만드는 능력을 향상시키는 훈련이라고도 할 수 있습니다.

마찬가지로 뇌에 새로운 사고 패턴을 만들기 위한 훈련법을 소개하겠습니다.

뇌는 경험이나 학습을 통해 사고방식의 틀을 여럿 만듭니다.

예를 들어, 전철을 타는 방법만 해도 그렇습니다.

처음 타는 노선이라도 노선도와 교통 카드를 사용하면 전철을

탈 수 있다는 패턴을 이해하고 있기 때문에 당황하지 않고 이용할 수 있습니다.

컴퓨터의 기본 조작도 마찬가지입니다.

지금까지 윈도우가 깔린 컴퓨터만 쓰다가 새롭게 매킨토시 운영체제로 바꿀 경우, 혹은 반대의 경우라도 기본 조작을 전혀 못하는 일은 없을 것입니다. 감각적으로 어느 정도 조작은 할 수 있습니다. 컴퓨터용 사고방식의 틀이 있으니 가능한 일입니다.

또한 책을 읽을 때도 머릿속에 있는 수많은 사고방식의 틀 덕분에 이에 맞춰 대조하면서 책의 내용을 이해할 수 있습니다.

이처럼 사고방식의 틀을 이용하면 문제를 유연하게 처리할 수 있어서 당연히 일상생활에 필수로 쓰이는 능력이지만, 그 틀에 너무 사로잡히는 바람에 지금까지의 패턴을 깨고 새로운 것을 창조하지 못하게 막는 족쇄가 될 가능성도 있습니다.

지금까지의 껍질을 깨고 깜짝 놀랄 만한 아이디어를 창출하려면 이성만으로는 도저히 불가능합니다.

이때 감성의 힘을 빌려야 합니다. 그런데 일반적인 의식 모드에서는 항상 이성이 움직이고 있기 때문에 좀처럼 감성을 갈고닦을 수 없습니다.

그래서 이번에는 이성을 억제하고 감성만 훈련하는 훈련법을 설명하고자 합니다.

바로 그림을 따라 그리는 훈련입니다.

베껴서 그릴 대상은 사진이든, 다른 사람의 그림이든, 어떤 일러스트든 상관없습니다.

다만 그 대상이 되는 그림은 원래 방향에서 뒤집어 거꾸로 두어야 합니다. 반대가 된 상태에서 그 그림을 따라 그리는 것입니다.

통상적으로 이해할 수 있는 방향으로 놓인 그림을 따라 그리면 자신도 모르는 사이에 멋대로 이성이 작용하기 때문입니다.

예를 들어, 통상적인 위치에서 사람 얼굴을 따라 그린다고 해봅시다. 그러면 반드시 마음속에 이미 만들어져 있는 「사람의 얼굴이란」이라는 사고방식의 틀을 거치게 됩니다.

결과적으로 그 작품은 순수하게 그림의 정보만 옮긴 것 같아도, 자신이 가지고 있는 '얼굴이란 이러하다'는 정보가 포함될 수밖에 없다는 뜻입니다.

그래서 대상이 되는 그림의 위아래를 거꾸로 뒤집어 놓으면, 기억된 정보로는 인식하기 힘들기 때문에 이성이 끼어들 여지가 없어집니다.

너무 복잡하지 않은 선 그림처럼 간단한 것으로 시작해보세요.

다 그린 것을 원래 방향으로 뒤집어 보면 아마 깜짝 놀랄 것입니다.

이성을 배제하고 감성만 이용해 그리면 놀랄 만큼 높은 수준의 모사 작품이 만들어질 것입니다.

　이성 모드를 완전히 끄고 감성만 사용하는 것이 가능하므로 감성을 기르는 좋은 훈련이 됩니다.

감성 강화 훈련법

사진이나 그림을 거꾸로 놓고 따라 그린다.

「잘 그리자」라는
이성을 배제함으로써
있는 그대로의 감성으로
그림을 그릴 수 있게
된다.

창조성을 해방시키는 「마구 쓰기」

창조성을 단련하는 데는 「마구 쓰기」란 훈련법이 매우 유용합니다.

간단히 설명하면 그때 머릿속에 떠오른 생각, 그러니까 「졸리다」라든가 「오늘은 은근히 쌀쌀하네」 같은 식의 상념들을 그대로 종이에 적는 방법입니다.

글을 쓴다고 해도 시간을 들여 천천히 생각하며 적어서는 안 됩니다.

마구 쓰기의 제일 중요한 포인트는 「절대로 글 쓰는 손을 멈춰서는 안 된다」는 점입니다.

이런 제약을 가하는 것은 앞서 말했듯 뇌에 시간을 주면 멋대로 이성이 작용하기 때문이지요.

이성이 작용하면 「이 글은 논리적이 아니다」라든가 「이런 쓸데없는 짓을 하다니」 같은 판단을 해서 더 이상 글을 쓰지 못하도록 훼방을 놓게 됩니다.

이를 피하기 위해 일부러 손을 멈추지 않고 계속 글을 쓰는 것입니다. 가급적이면 뇌와 손이 직결되는 감각을 유지해야 좋습니다.

이 방법을 추천하는 데는 두 가지 이유가 있습니다.

첫 번째는 아이디어의 씨앗을 놓치지 않기 위해서입니다.

사람의 뇌 속에는 매일 엄청난 수의 사고가 떠올랐다가 흘러가 버리는 현상이 반복됩니다.

앞서 설명했던 뇌의 메모장 기능을 가진 「워킹 메모리」는 용량이 적고 정보를 유지할 수 있는 시간도 매우 짧기 때문에 내용이 자꾸 바뀌며 덧씌워집니다.

그 사고의 흐름 속에 중요한 아이디어의 기반이 되는 씨앗이 있을지도 모릅니다.

자갈들 속에 옥석이 섞여 있을지도 모르지만 일단 머릿속에 순간적으로 떠오르는 대로 적으면 그물망에서 아이디어가 빠져나가는 것을 방지할 수 있습니다.

두 번째는 생산 능력을 향상시키기 위해서입니다.

이 훈련을 계속하다 보면 문장을 만들어내는 스피드와 양이 놀랄 만큼 향상됩니다.

그래서 업무상 필요한 기획서나 보고서를 작성할 때, 또는 블로그에 올릴 글을 쓸 때도 효과를 실감할 수 있지요.

「생산 능력의 향상 = 창조성의 향상」입니다.

즉, 마구 쓰기 훈련을 계속하는 사이 창조성이 자연히 길러진다는 뜻입니다. 이 훈련으로 효과를 보려면 따라야 할 원칙이 있습니다.

① 적은 내용을 남에게 보이지 않는다(이렇게 정해두어야 글을 쓰는 데 망설임이 없어진다).

② 내용의 수준을 신경 쓰지 않는다(쓸데없거나 비합리적, 비약적이어도 괜찮다).

③ 반드시 시간을 정한다(타이머를 이용하면 효과적. 1분 정도로 시작해서 익숙해지면 시간을 점점 늘린다).

④ 결코 손을 멈추지 않는다.

⑤ 쓰다 막히면 그때의 생각을 계속 적어도 좋다(「아아, 모르겠다」「쓸게 없다」 등등 새로운 시점을 발견할 때까지 연결고리로서 계속 쓴다).

이 훈련으로 당신의 잠재적인 창조성을 해방시켜 보세요.

03

잠재적인 창조력을 해방시키는 마구 쓰기 훈련

창조력 UP ↗ **생산력 UP ↗**

무엇부터 쓰면 좋을까.
어떻게 하면 이 기획서를 통과시킬 수 있을까.
지난번에는 좀 알아보기 힘들다고 했는데 좀 더……
좀 더…… 디자인을 보기 좋게 하자.……

Point

① 적은 내용은 남에게 보이지 않는다.

② 내용에 신경 쓰지 않는다.

③ 반드시 시간을 정해놓는다(처음에는 1분부터).

④ 손을 멈추지 않는다.

⑤ 쓰다 막히면 '막혔다'라고 계속 쓴다.

5-4
집중력을 향상시키는
「붓글씨」 훈련

기억력 훈련을 하다가 깨닫게 된 점이 있습니다.

사람은 기억력을 포함한 다양한 능력을 갖고 있지만, 그런 힘을 최대한 발휘하기 위해서는 또 다른 능력이 함께 작용해야 합니다. 그 능력이 바로 「집중력」입니다.

각 분야에 선천적인 재능이 있다고 하더라도 집중력이 낮으면 본래의 능력을 절대 발휘할 수 없습니다.

그런 의미에서 보면, 집중력이 모든 능력의 원천이라고 할 수 있겠지요.

이 점을 알고 나서는 집중력 향상을 위해 다양한 방법을 시험해 보았습니다. 그러다가 문득 이런 생각이 들었습니다.

바로 자신의 집중력 수준이 얼마나 향상되었는지 간단히 판단할 수 있는 훈련은 없을까 하는 의문이었죠.

그런 과정에서 떠올린 것이 바로 「서도書道」였습니다. 서도에 착안한 것은 스스로의 성과 달성을 글씨로써 눈으로 보고 판단할 수 있기 때문이었습니다.

서도를 접한 사람이라면 공감할지 모르겠지만, 집중력이 높은 상태에서 쓴 글씨와 그렇지 않을 때 쓴 글씨는 명백한 차이가 있습니다.

선의 굵기, 힘이 들어간 정도나 붓을 찍어 누른 정도가 다르지요. 집중력이 높을 때는 원했던 부분에 정확히 붓을 옮기는 것도 가능해집니다.

초보자인 제가 할 말은 아니지만, 제 수준에서도 이미지대로 붓이 움직일 때는 마치 검을 뽑아들어 짚 인형을 단번에 잘라버린 것과 같은 상쾌한 기분이 듭니다.

이는 모두 집중력이 글씨라는 형태가 되어 눈에 보이기 때문에 판단이 가능한 것입니다.

때문에 자신이 쓴 글씨의 실력이 늘면 이와 함께 집중력도 향상되었다는 증거라고 볼 수 있지 않을까 하는 생각이 들었습니다.

또한 붓글씨가 집중력 훈련으로서 이상적인 이유가 한 가지 더 있습니다.

여러분은 플로flow라는 단어를 들어본 적 있나요?

플로란 쉽게 말해 최고의 집중력을 발휘하는 상태를 의미합니다. 플로 상태에 들어가면 뇌가 문제에 대해 최적의 대응을 할 수 있도록 자동 조종을 하게끔 도와줍니다. 그래서 최고의 능력을 발휘할 수 있습니다.

각종 연구들이 플로 상태에 들어가기 위한 조건을 몇 가지 알아냈지만, 그중 한 가지가 「자기 실력보다 4% 정도 높은 난이도의 과제에 도전한다」입니다. 너무 쉬워도, 너무 어려워도 안 된다는 말입니다.

검도와 다도처럼 「도道」가 붙는 것은 무엇이든 그렇겠지만, 서도도 마찬가지로 이떤 수준에 있는 사람이라도 항상 자신보다 더 위의 수준을 목표로 단련합니다.

이 일상의 연습을 통해 목표하는 수준이 정확히 4% 높은 난이도에 맞아떨어지는 것이 아닐까 하고 실제로 서도를 배우면서 느끼게 되었습니다.

연구에 의하면, 이 4% 높은 난이도에 대한 과제를 오래 이어가다 보면 플로 상태에 들어가기 쉬운 체질이 될 수 있습니다.

집중력 향상 훈련법의 하나로서 여러분도 붓글씨를 시작해보는 것은 어떨까요?

　만약 여러 가지 이유로 붓글씨를 쓰는 것이 어렵다면, 성과를 눈으로 확인할 수 있는 다른 운동이나 취미생활을 찾아보도록 하시기 바랍니다.

04

붓글씨에는 집중력을 올리는
요소가 다수 포함되어 있다

① 집중력이 그대로 글씨로 표현된다.

② 너무 어려워도, 쉬워도 안 된다.
4%의 난이도는 플로 상태에 진입하기
쉽게 해준다.

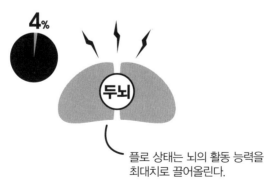

플로 상태는 뇌의 활동 능력을
최대치로 끌어올린다.

순발력을 키우는
「1분 쓰기」

　학창 시절에 분명 외웠던 내용인데 시험 볼 때 전혀 생각나지 않거나, 사회인이 되고 나서는 업무나 회의 및 미팅으로 논의하는 화제를 이해는 하겠는데 내용 정리가 되지 않아 발언조차 하지 못해 실망한 적은 없습니까?

　이런 지식들은 분명 머릿속에 들어 있었습니다. 시간을 더 들였더라면 생각이 나거나 내용을 정리할 수 있었을지도 모르지요.

　하지만 그런 지식은 그리 가치가 없습니다.

　필요할 때 바로 꺼내고 바로 그 내용을 설명하는 수준이 아니라면 활용 가능한 지식이라고 할 수 없다는 것입니다.

어째서 머릿속에 입력되어 있을 터인 지식이 바깥으로 나오지 않고, 정리하는 데 시간이 그렇게 걸리는 것일까요?

이것은 뛰어난 뇌의 능력이 오히려 걸림돌이 되어 방해하는 경우라고 할 수 있습니다.

뇌의 특성 중에는 「사물의 전체상을 알고 싶어 한다」는 것이 있습니다.

뇌는 각각의 지식보다도 그것들이 뭉쳐서 형태를 만드는 전체상을 우선시해 기억하는 경향이 있습니다.

이 능력이 있기 때문에 무엇인가를 학습할 때 효율성 있게 새로운 지식을 배울 수 있는데, 이는 어디까지나 머릿속에 정보를 입력하기 위한 능력이지, 지식을 인출할 때는 그다지 기능하지 않습니다.

왜냐하면 전체상은 개념이어서 두루뭉술한 덩어리이기 때문입니다. 그런 이미지로 보관되므로 막상 「언어」로 재생하려고 하면 잘 되지 않습니다.

이를 막기 위해 머릿속에 있는 지식을 정기적으로 「언어」로 재생하는 과정이 꼭 필요합니다.

그런 훈련으로 추천하고 싶은 것이 바로 「1분 쓰기」입니다.

준비물은 펜과 종이, 그리고 타이머입니다.

연필이나 샤프펜은 쓰는 도중에 심이 부러져서 훈련을 중단시킬 우려가 있으니 가급적이면 펜을 사용하세요.

종이는 A4 복사용지가 가장 알맞습니다. 이것을 가로로 놓고 사용합니다. 타이머는 설정한 시간이 되면 소리로 알리는 타입을 사용합시다.

일단 용지 왼쪽 상단에 키워드를 써놓고, 그 주변에 네모를 쳐서 눈에 잘 띄게 만듭니다.

여기까지 준비되면 타이머를 1분에 맞추고 스타트 버튼을 눌러 시작합니다.

여기서부터는 이전에 소개한 「마구 쓰기」처럼 키워드에 관한 지식이나 자신의 생각을 멈추지 않고 종이에 계속 적어나갑니다.

도중에 아무 생각이 나지 않더라도 「못 쓰겠다, 못 쓰겠다, 못 쓰겠다」나 「아무 생각이 안 난다, 안 난다, 안 난다」 등 솔직한 지금 상황을 줄줄이 쓰면 됩니다.

그런 행동을 하는 것은, 이 훈련의 목적이 시간을 들여 새로운 지식과 정보를 창출하는 것이 아니라 그 시점에 머릿속에 들어 있는 것에만 초점을 맞추어 생산하는 것이기 때문입니다.

뇌에서 자연스럽게 빠져나오는 지식은 활용도가 있는 지식이라는 뜻입니다.

1분으로 맞춰놓은 타이머가 울릴 때까지 막힘없이 쓸 수 있고,

게다가 아직도 쓸 내용이 남아 있다면 그 키워드에 대한 지식 수준은 합격이라고 할 수 있을 것입니다.

만약 잘 써내지 못하더라도 그 결과를 통해 자신이 아무 이해도 하지 못했다는 것을 알고 피드백을 할 수 있습니다.

그 부족한 부분을 보충하면 지식의 수준을 확연히 높일 수 있습니다.

지식 활용도를 높이는 1분 쓰기

사물 인터넷(IoT)

냉장고, 세탁기, 자동차 등 모든 것이 인터넷에 연결되어 서로 통신하게 해주는 기술. 스마트폰 하나만 있으면 모든 것을 조정할 수 있게 됨. 그런데 사물 인터넷 세상의 문제점이라면? 일자리 감소? 개인 정보의 노출? 해킹? 그래, 아무래도 보안이 문제가 되겠군. 그렇다면...

① 키워드를 왼쪽 상단에 쓰고 타이머를 1분으로 맞춘다.

② 키워드에 관한 지식이나 자신의 생각을 멈추지 않고 쓴다. 아무 생각이 나지 않아도 「못 쓰겠다」 등 머릿속에 맴도는 말을 모두 적는다.

③ 적은 내용을 통해 자신이 어디까지 이해했는지 알 수 있다.

맺음말

의외로 자기 자신에 대해 모르는 경우가 많습니다.

이 책의 테마가 되는 요소는 이미 자신에게 갖추어져 있음에도 불구하고, 남이 일러줄 때까지는 전혀 그 존재를 알아차리지 못합니다.

기억력을 포함해 두뇌의 능력을 충분히 이끌어내기 위해서는 「손으로 쓰는」 작업이 매우 유용하다는 관점 역시 그렇습니다.

「이케다 씨는 다섯 번이나 기억력으로 일본 제일의 자리를 차지했을 정도이니 무슨 일이든 머릿속에서 다 처리하는 줄 알았는데 의외로 『필기』 작업을 많이 하시네요.」

　그 말을 듣고 처음으로 일을 하거나 공부를 할 때 「쓰기」라는 작업이 큰 비중을 차지하고 있음을 인식하게 되었습니다.

　제게는 아주 당연한 일이어서 스스로 알아차리지 못했던 것이지요.

　「머리말」에도 썼지만, 같은 내용을 메모하더라도 PC나 스마트폰에 입력하는 것과 손으로 쓰는 것은 전혀 다릅니다.

　개인적인 의견이지만, 손으로 적는 행위가 두뇌에 내재된 필터 같은 장치를 통과하게 만드는 것 같습니다.

　저는 그 필터가 자극을 받아 뇌를 활성화한다고 생각합니다.

　그에 비해 PC에 입력할 때는 그 자극을 느끼지 못합니다.

　그러나 원래 외부 기억 장치로서의 역할을 하며 발달해온 컴퓨터의 사용법으로 본다면 그것대로 괜찮을지도 모릅니다.

　제가 굳이 언급하지 않아도 역사를 돌이켜보면 레오나르도 다빈치와 에디슨, 아인슈타인처럼 시대에 변혁을 가져온 발명이나 발견을 한 위인들은 모두 메모광이었습니다. 물론 손으로 써서 말이지요.

　현대의 최전선에 선 엔지니어들마저도 아이디어의 첫 발상 계기는 종잇조각이나 화이트보드에 휘갈겨 적은 메모인 경우가 꽤 많은 것 같습니다.

아무리 기술이 진화해도 인류가 이제까지 손을 사용해 뇌를 자극하고 진화를 거듭한 것처럼 「손으로 쓰는」 행위가 앞으로도 멋진 아이디어의 싹을 틔우는 데 도움을 줄 것은 분명합니다.

이번 책을 쓰면서 제 안에 있는 새로운 면모를 발견해주신 데라니시 다카시 편집자님께 진심으로 감사드립니다.

이 책을 읽어주신 여러분이 저처럼 「손으로 쓰기」 덕분에 좋은 성과를 얻을 수 있기를 진심으로 바랍니다.

이케다 요시히로

◇ 당신은 언제나 옳습니다. 그대의 삶을 응원합니다. - 라의눈출판그룹

노트 하나로 인생을 바꾸는

기적의 메모술

초판 1쇄 2019년 2월 1일

지은이 이케다 요시히로 옮긴이 김진아
펴낸이 설응도
기획위원 서민철 편집주간 안은주
영업책임 민경업 디자인책임 조은교

펴낸곳 라의눈

출판등록 2014년 1월 13일(제2014-000011호)
주소 서울시 서초중앙로 29길(반포동) 낙강빌딩 2층
전화 02-466-1283 팩스 02-466-1301

문의(e-mail)
편집 editor@eyeofra.co.kr
마케팅 marketing@eyeofra.co.kr
경영지원 management@eyeofra.co.kr

ISBN : 979-11-88726-30-1 13320